交科智丛·政策类

城乡交通运输一体化理论、政策与实践

周一鸣　李忠奎　庞清阁　龚露阳　编著

人民交通出版社股份有限公司
China Communications Press Co.,Ltd.

内 容 提 要

本书从交通运输行业政策研究创新与实践应用视角，遵循“基础理论—技术体系—政策体系”的总体研究思路，对我国推进城乡交通运输一体化工作的全过程进行系统介绍，提出我国城乡交通运输一体化推进工作中的关键技术体系和政策机制体系。本书可为各地推进相关工作提供科学的技术支撑。

图书在版编目(CIP)数据

城乡交通运输一体化理论、政策与实践 / 周一鸣等编著. — 北京 ：人民交通出版社股份有限公司，2018.7

ISBN 978-7-114-14561-2

Ⅰ. ①城… Ⅱ. ①周… Ⅲ. ①交通运输发展—研究—中国 Ⅳ. ①F512.3

中国版本图书馆 CIP 数据核字(2018)第 032977 号

交科智丛 · 政策类

书　　名： 城乡交通运输一体化理论、政策与实践

著 作 者： 周一鸣　李忠奎　庞清阁　龚露阳

责任编辑： 周　宇　潘艳霞

责任校对： 赵媛媛

责任印制： 张　凯

出版发行： 人民交通出版社股份有限公司

地　　址： (100011)北京市朝阳区安定门外外馆斜街 3 号

网　　址： http://www.ccpress.com.cn

销售电话： (010)59757973

总 经 销： 人民交通出版社股份有限公司发行部

经　　销： 各地新华书店

印　　刷： 中国电影出版社印刷厂

开　　本： 787 × 1092　1/16

印　　张： 9

字　　数： 141 千

版　　次： 2018 年 7 月　第 1 版

印　　次： 2018 年 7 月　第 1 次印刷

书　　号： ISBN 978-7-114-14561-2

定　　价： 60.00 元

丛书前言

PREFACE

科技是国家强盛之基，创新是民族进步之魂。党的十九大站在全球发展和民族复兴高度，科学研判世界科技革命和产业变革走向，提出创新是引领发展的第一动力，是建设现代化经济体系的战略支撑，要加快建设创新型国家。交通运输部高度重视科技创新工作，围绕交通强国建设深化创新工作部署，明确科技创新支撑引领交通运输发展的主攻方向和目标任务，着力推进交通运输科技创新体系建设，大力推动以科技创新为核心的全面创新。

交通运输部科学研究院作为部直属科研事业单位，多年来坚持围绕中心、服务大局，取得了一大批政策研究和技术创新成果，为交通运输行业科技创新与技术进步作出了重要贡献。《交科智丛》丛书立足近年来院有关政策研究、技术研发等方面的科研成果，有计划地组织出版专著，注重专著的学术价值和应用价值，以展示科研精品、传播科学知识、培树高端人才、打造优质品牌，助力一流综合性科研院所建设，致力为交通强国建设作出新的更大贡献！

编委会

二〇一七年十二月

目　录

CONTENTS

第一章　城乡交通运输一体化概述

本章提炼城乡交通运输一体化的基本概念，理清城乡交通运输一体化应该涵盖的内容，明确推进一体化发展的方向和目标，分析推动此项工作涉及的主体，梳理各主体在其中的角色和职能分工。

一、城乡发展一体化的概念和特征

（一）城乡一体化

1.城乡一体化的概念

有关城乡一体化的思想渊源可追溯到西方城市科学研究的经典理论科学研究，在这些研究中“一体化”（intergration）一词更多地与“经济”一词搭配连用，很少与“城乡”（urban-rural）一词搭配。西方学者20世纪80年代后在工业地理学研究中使用过“城乡融合”（urban-rural composition）的概念，指的是自20世纪后半期以来西方国家的一些制造业从原先的大都会中心向较小的聚落或尚未工业化地区转移，从而形成城市和乡村混合的新型区域。

城乡一体化概念在我国首先是由实际工作者在改革实践中提出来的，1983年在苏南地区最先使用了这个概念。改革开放后，特别是20世纪80年代末期，由于历史上形成的城乡之间隔离发展，各种经济、社会矛盾出现，城乡一体化思想逐渐受到重视。

城乡一体化是随着生产力的发展而促进城乡居民生产方式、生活方式和居住方式变化的过程，是我国现代化和城市化发展的一个新阶段。城乡一体化就是要把工业与农业、城市与乡村、城镇居民与农村村民作为一个整体，统筹谋划、综合研究，通过体制改革和政策调整，城市与乡村在政治、经济、文化等方面广泛融合，城乡的发展有机结合，促进城乡在规划建设、产业发展、市场信息、政策措施、生态环境保护、社会事业发展的一体化，使城乡人口、技术、资本、资源等要素相互融合，互为资源，互为市场，互相服务，改变长期形成的城乡二元经济结构，实现城乡在政策上的平等、产业发展上的互补、国民待遇上的一致，让农民享受到与城镇居民同样的文明和实惠，形成"以城带乡，优势互补，共同发展"的城乡关系，逐步达到城乡之间在经济、社会、文化、生态、空间、政策(制度)上协调发展的过程。

2.城乡一体化的特征

城乡一体化是经济社会发展到一定阶段的产物，它具有十分丰富的内涵。城乡开放、城乡融合、城乡一体和城乡共享是城乡一体化的基本特征。

1)城乡开放

城乡开放是指打破城乡界限，实行城乡开放互通，使城乡居民和城乡劳动力、资金、技术等生产要素可以在城乡间自由流动和迁徙，城乡开放是双向的，既包括城市向农村开放，也包括农村向城乡开放。通过城乡双向开放，逐步形成城市和农村互为市场、互为依托、相互联系、相互促进的互动关系，实现城乡之间劳动力、资金、土地、资金、技术、信息、生产资料等社会经济要素顺畅流动。城乡开放要求构建统一的制度，包括土地、户籍、教育、就业、资本等制度，促进城乡人口、商品等要素自由流动。

2)城乡融合

城乡融合是指在城乡开放的基础上，实现城乡经济、社会和生态等领域的融合以及城乡居民、市场、发展要素和空间的融合。城乡经济融合是城乡融合的关键内容，主要通过城乡间现代工业产业链条、资源产业链条、现代服务业网络以及农业产业化等方面的建设，实现城乡间经济互动和顺畅交流，其核心是建立城乡产业关联和连接。

3)城乡一体

除了要求城乡开放和城乡融合外，还需要推动城乡一体的发展格局，城市和农村形成一个有机的整体，它是城乡开放和城乡融合的结果。这就要求理念上抛弃过去“重城市轻农村”的做法，改变过去偏重城市的政策，把农村和城市放在同等重要的位置，坚持“多予、少取、放活”，赋予农村与城市同等的地位和权利，制定城乡一体化的政策体系，建立城乡一体的体制机制，构建城乡一体的经济社会发展格局。

4）城乡共享

城乡一体化的根本目的是在坚持城乡同等地位的基础上，通过资源共享、机会共享、服务共享、成果共享，逐步缩小城乡差距，实现城乡繁荣和进步，共同享受我国经济社会发展和改革开放的成果。

3. 城乡一体化应当把握的几个重要问题

在推进城乡一体化的过程中，应当注意几个重要问题：

（1）城乡一体化的实现有赖于生产力的发展和城市化水平的提升，城乡一体化水平很大程度上取决于经济社会发展水平，城乡一体化只可能发生在生产力水平和城市化水平相当高的时期。

（2）城乡一体化是一个逐步实现的过程，城乡一体化不能一蹴而就。

（3）城乡一体化是城乡互动发展过程，是双向的而不是单向的，这个过程不是全部乡村都转变为城市的过程，更不是城市乡村化，而是城乡双方发挥各自优势、互相吸引先进和健康的因素、理顺和完善交流途径的过程。

（4）城乡一体化不是城乡一样化或城乡一元化，不能简单地使用一样的标准来衡量，不搞“一刀切”，而是通过调整城乡利益关系和收入分配格局，促进城乡要素流动，打破城乡分割二元结构，逐步缩小城乡差距。

（二）城乡发展一体化

1. 城乡发展一体化的概念

城乡发展一体化是实现城乡一体化的发展方式。城乡发展一体化是在工业化、城镇化、农业现代化以及信息化发展到一定阶段的基础上，依托城乡生产要素集聚和发展成果共享机制，打破城乡分割对立状态，促进城镇与农村在空间布局上的优化、要素流通上的顺畅、资源配置上的均衡、居民权利上的平等、功能特色上的互补、生态环境上的协调，逐步缩小城乡差距，实现城乡互动融合发展。也就是说，城乡发展一体化是一种以工促农、以城带乡、工农互惠、城乡一体的新型城乡关系，它是生产力发展到一定水平、城乡关系演进到一定阶段的必然产物。此外，城乡发展一体化是一个复杂的系统工程，涉及城乡发展的多个层面，它的实现需要一个长期的发展过程，不可能一蹴而就。

2. 城乡发展一体化的主要内容

城乡发展一体化的主要内容有以下三个方面：

1）建立城乡一体化的体制机制

建立城乡经济社会发展一体化体制机制，首先要加大经济体制改革力度，破除城乡二元结构体制机制；其次是要建立和完善经济建设、社会发展、公共服务、生态文明、社会管理等诸多领域的体制机制。

2）建立统筹城乡协调发展格局

建立统筹城乡协调发展格局包括建立城乡经济发展、社会发展、公共服务、生态文明建设一体化发展新格局。

3）打造新型城乡关系

打造新型城乡关系的内容包括建立并完善农业生产支持体制机制，打破城乡壁垒，形成工业化、城镇化和农业现代化发展的良性互动，发展现代农业；赋予农民更多财产权利，让农民拥有资产；推进城乡土地要素平等交换，最终形成工业反哺农业、城市带动农村、城乡互惠发展的新型城乡关系。

3. 城乡发展一体化的建设任务

城乡发展一体化的建设任务主要包括城乡规划布局一体化、城乡基础设施一体化、城乡产业一体化、城乡公共服务一体化、城乡社会治理一体化。

1）推进城乡规划布局一体化

加快推进城乡规划布局一体化是实现城乡发展一体化发展的重要基础和前提条件。在新形势下，必须打破城乡界限，树立城乡统筹发展的理念，把城市和农村作为一个有机整体，开展全域规划布局，推进城乡规划编制和管理一体化。

2）推进城乡基础设施一体化

推进城乡基础设施一体化就是要统筹规划，加大道路、电信、信息、供水、垃圾和污水处理等农村基础设施建设力度，积极推进城镇基础设施向农村延伸、辐射和覆盖，建立完善城乡一体的基础设施网络，促进城乡基础设施一体化进程。

3）推进城乡产业发展一体化

推进城乡产业一体化就是要打破城乡分割的二元体制，把城市产业和农村产业作为一个整体统筹考虑，整合城乡各种资源，沟通城乡之间的产业联系，促进城市生产要素向农村流动，引导城市产业和企业向农村延伸，实现城乡产业互补互促、相互融合。

4)推进城乡公共服务一体化

推进城乡公共服务一体化重点是加快农村公共服务体系建设,推动城市公共服务向农村延伸,实现城乡基本公共服务均等化,逐步缩小城乡公共服务水平差距,以城乡公共服务资源均衡配置为方向,加快推进城乡基本公共服务均等化,逐步形成城乡一体、可持续、公平的公共服务体系。

5)推进城乡社会治理一体化

推进城乡社会治理一体化就是要从根本上打破城乡分割的“制度篱笆”,消除二元管理体制对城乡社会融合的阻碍,统筹城市和农村社会治理,改革社会治理方式,完善社会治理和服务体系,加快推进城乡社会融合,及时化解各种社会矛盾,推动形成城乡一体化社会治理新格局。

4.城乡发展一体化的政策形势

党的十六大报告提出,统筹城乡经济社会发展,建设现代农业,发展农村经济,增加农民收入,是全面建设小康社会的重大任务。

党的十七大报告提出,要加强农业基础地位,走中国特色农业现代化道路,建立以工促农、以城带乡长效机制,形成城乡经济社会发展一体化新格局。

党的十八大报告将推动城乡发展一体化作为一项重要任务,报告提出,要加大统筹城乡发展力度,增强农村发展活力,逐步缩小城乡差距,促进城乡共同繁荣。坚持工业反哺农业、城市支持农村和多予少取放活方针,加大强农惠农富农政策力度,让广大农民平等参与现代化进程、共同分享现代化成果。加快完善城乡发展一体化体制机制,着力在城乡规划、基础设施、公共服务等方面推进一体化,促进城乡要素平等交换和公共资源均衡配置,形成以工促农、以城带乡、工农互惠、城乡一体的新型工农、城乡关系。

2016 年 4 月,中共中央政治局就健全城乡发展一体化体制机制进行第二十二次集体学习。习近平总书记指出,推进城乡发展一体化要把工业和农业、城市和乡村作为一个整体统筹谋划,促进城乡在规划布局、要素配置、产业发展、公共服务、生态保护等方面相互融合和共同发展。着力点是通过建立城乡融合的体制机制,形成以工促农、以城带乡、工农互惠、城乡一体的新型工农城乡关系,目标是逐步实现城乡居民基本权益平等化、城乡公共服务均等化、城乡居民收入均衡化、城乡要素配置合理化以及城乡产业发展融合化。

要继续推进新农村建设,使之与新型城镇化协调发展、互惠一体,形成双轮驱动。要坚持以改革为动力,不断破解城乡二元结构。要完善规划体制,通盘考虑城乡发展规划编制,一体设计,多规合一,切实解决规划上城乡脱节、重城市轻农村的问题。要完善农村基础设施建设机制,推进城乡基础设施互联互通、共建共享,创新农村基础设施和公共服务设施决策、投入、建设、运行管护机制,积极引导社会资本参与农村公益性基础设施建设。要推动形成城乡基本公共服务均等化体制机制,特别是要加强农村留守儿童、妇女、老人关爱服务体系建设。要加快推进户籍制度改革,完善城乡劳动者平等就业制度,逐步让农业转移人口在城镇进得来、住得下、融得进、能就业、可创业,维护好农民工合法权益,保障城乡劳动者平等就业权利。

党的十九大报告提出,要实施乡村振兴战略,建立健全城乡融合发展体制机制和政策体系,加快推进农业农村现代化。

以城乡发展一体化的政策梳理来看,长期以来,党中央、国务院一贯重视城乡发展一体化工作,制定了一系列城乡发展一体化政策措施,今后一段时间,随着我国经济社会的发展,城乡发展一体化的政策导向将更加明确,政策体系更加完善,城乡发展一体化的政策环境将更加良好。

二、城乡交通运输一体化的概念、趋势及要求

(一)城乡交通运输一体化的概念

城乡交通运输一体化目前还没有明确的定义,也未形成广泛认可的内涵和特征划分。结合城乡发展一体化的定义和城乡交通运输的特点,作者认为:城乡交通运输一体化就是把城市和农村交通运输发展作为一个整体考虑,坚持“城乡统筹、资源共享、路运并举、客货兼顾、运邮结合”的发展方式,通过加快交通基础设施建设,推进供给侧结构性改革,完善管理体制机制和政策保障体系等手段,促进城乡交通运输在规划建设、运输组织、管理政策等方面统筹和融合,实现城乡交通运输协调发展和基本公共服务均化的目标,从而引领和支撑城乡发展一体化,让人民群众共享交通运输改革发展成果,使整个城乡交通发展更全面、协调、可持续发展。

(二)城乡交通运输一体化提出背景

城乡交通运输一体化概念的提出主要有以下五方面的背景:

1.城乡交通运输协调发展问题突出

改革开放近40年来,我国交通运输发展取得了巨大的成就,城乡交通运输发展水平大幅提高,交通运输对经济社会的影响由瓶颈制约向基本适应转变,我国也发展成了一个名副其实的交通大国。同时,我们也应当看到,我国城乡交通运输发展面临的问题依然突出,城乡交通运输发展差距大、城乡二元管理体制仍然存在、城乡交通基础设施布局不尽合理、城乡道路客运一体化市场环境仍需改善、农村物流发展缓慢、城乡交通运输服务网络衔接不畅等问题成为制约城乡交通发展的关键瓶颈,城乡交通运输一体化发展水平跟不上经济社会发展需要和城乡居民对交通运输的需求。

2.城乡交通运输一体化需求迫切

随着我国经济社会的快速发展和新型城镇化的快速推进,我国城乡发展一体化进入了快速发展阶段,城乡之间的经济联系更加紧密,城乡间的居民出行需求更加旺盛,城乡间的生产生活资料下乡和农产品进城的需求更加兴旺,经济社会的发展和城乡发展一体化要求城乡交通运输加强网络衔接、提高服务水平、打破传统二元分割体制,为经济社会发展提供有力支撑。

3.城乡交通运输管理体制机制基本理顺

2008年的大部制改革中,建设部的城市客运管理职责调整到交通运输部管理,从而统一了城乡客运管理体制,为实现城乡道路客运一体化提供了体制机制保障。

4.城乡交通设施建设快速发展

截至2016年,我国农村公路里程395.98万km,全国通公路的乡(镇)占全国乡(镇)总数的99.99%,其中通硬化路面的乡(镇)占全国乡(镇)总数的99.00%;通公路的建制村占全国建制村总数的99.94%,其中通硬化路面的建制村占全国建制村总数的96.69%。

5.城乡交通运输一体化政策环境持续改善

近年来,交通运输部和各地政府加大了对城乡交通运输一体化的政策支持力度,城乡交通一体化政策环境持续改善。2011年,交通运输部印发了《关于积极推进城乡道路客运一体化发展的指导意见》,明确提出了要力争用5年左右时间,全国城乡道路客运一体化发展取得重要突破,城乡道路客运发展更加协调、网络衔接更加顺畅、政策保障更加到位,服务广度和深度逐步提升,服务质量显著改善,可持续发展能力明显增强。《"十三五"现代综合交通运输体系发展规划》中提出,推进城乡客运服务一体化,统筹城乡配送协调发展,开展城乡交通一体化专项行动。2016年全国交通运输工作会议上,交通运输部部长杨传堂提出要促进城乡协调,服务城镇化进程,建立农村交通运输基础设施投入的长效机制,加快城乡交通一体化。

(三)推进城乡交通运输一体化的形势要求

"十三五"时期是我国全面建成小康社会的决胜阶段,是深化"四个全面"战略布局和"四化"同步发展的关键时期,也是推进"四个交通"全面发展,使交通真正成为发展先行官的重大战略机遇期。城乡交通运输一体化是综合交通运输改革发展大局中的重要一环,也是交通运输为全面建成小康社会当好先行官的关键领域。从需求看,新型工业化、信息化、城镇化、农业现代化深入发展,现代服务业的发展和新一轮科技革命带来技术进步,城乡居民收入水平不断提高,消费结构加快转型升级,城乡交通运输服务需求日趋旺盛。从供给看,经济发展进入新常态,交通运输服务在经济社会发展中的先行引领、稳增长作用更加凸显,交通运输供给将保持较快增长,同时随着国家财政收入不断增加,城乡交通运输服务财政保障能力也将进一步加强。从体制环境看,大部门体制改革逐步深入,"四个全面"战略布局下服务型政府部门加快建设、完善交通运输治理体系和推进治理能力现代化步伐不断加快,建立健全城乡交通运输一体化体系的体制条件不断完善。这些都对提升交通运输基本公共服务提出了新的要求和挑战。主要体现在以下三个方面:

1. 实现全面小康总目标,需要扩大城乡交通运输覆盖范围,促进服务均等化

党的十八大提出了全面建成小康社会的宏伟目标,到2020年我国国内生产总值和城乡居民人均收入将比2010年翻一番,GDP年均增速将在6.9%以上,城镇化率将提高到60%左右,城镇和农村居民人均年收入将分别超过4万元和1.2万元。同时,我国农业现代化和社会主义新农村建设取得显著成效,收入分配差距进一步缩小,区域协调发展机制基本形成。"衣食住行"是人的基本需求,交通

运输既要承担“行”的任务，也要为“衣、食、住”提供运输保障。交通运输作为重要的民生工程，是统筹区域、城乡协调发展的关键环节，是支撑全面建成小康社会的基础保障。我国目前仍有许多贫困人口，要求城乡交通运输一体化在“十三五”时期重点围绕交通运输基本公共服务均等化，统筹协调区域间、城乡间运输服务发展，继续加大对西部地区、老少边穷地区和集中连片特困地区的支持力度，着力加强交通基础设施、运输及邮政服务体系建设，大力提升城乡交通运输服务能力和水平，推进均等化，为国家改善民生和加强社会建设提供有力支撑。

2. 交通运输发展仍处于黄金期，需要提升城乡交通运输服务品质，促进行业转型升级

习近平总书记从战略和全局的高度明确指出，“十三五”是交通运输基础设施发展、服务水平提高和转型发展的黄金时期。可以从四个方面去理解：一是基础设施加快成网、结构优化的黄金期；二是各种运输方式融合发展、现代综合交通运输体系加快构建的黄金期；三是运输服务品质提升、行业转型升级的黄金期；四是全面深化改革、提升交通运输现代治理能力水平的黄金期。城乡交通发展处于新旧动能转换的关键时期，提升服务品质、推动行业转型升级是核心要义。一是要着力培育新业态新模式，主动适应移动互联等信息技术带来的人民群众对交通运输基本公共服务提供方式和服务内容的新的需求变化，发展公共信息平台，推动个性化、定制化的城乡客运出行服务和网络化、高效化的城乡物流服务。二是要大力推进传统行业转型升级，加大改革创新，充分利用移动互联网、大数据、云计算、物联网等现代信息技术，借力“互联网＋”推动交通运输基本公共服务变革与创新，创新服务提供方式和服务模式，积极探索推进技术创新、管理创新，提升服务效率和均等化，促进由规模速度型向质量效益型转变。

3. 构建治理体系和治理能力现代化，需要城乡交通运输深化改革，完善体制机制

党的十八届三中全会作出了全面深化改革、推进国家治理体系和治理能力现代化的决策部署，党的十八届四中全会明确提出了全面推进依法治国的重大战略任务。必须切实转变政府职能，深化行政体制改革，创新行政管理方式，增强政府公信力和执行力，建设法治政府和服务型政府。一是要以促进社会公平正义、增进人民福祉为出发点和落脚点，加强城乡交通运输一体化的顶层设计和总体规划，明确范围、内容、标准和资金来源等内容。注重系统性、整体性、协同性，让更

多发展成果更多、更公平地惠及全体人民。二是充分利用市场机制，使城乡交通运输服务产品提供方式多元化且更加高效。坚持权利平等、机会平等、规则平等，消除各种隐性壁垒；统一市场准入制度，善于运用负面清单管理模式，改革市场监管体制，保障公平竞争，维护市场秩序。三是要进一步理顺管理体制，明确事权财力。理顺部门职责关系，健全决策权、执行权和监督权相互制约相互协调的管理体制。要建立更加公平、高效、可持续的体制机制，让全体人民共享城乡交通运输服务发展成果。四是加快行业管理政府职能转变，建设服务型政府，营造廉洁高效的政务环境、公正透明的法治环境、公平守信的市场环境，提高城乡交通运输服务质量和水平。加强发展战略、规划、政策、标准的研究制定和实施，增强工作的前瞻性、针对性和实效性。

三、城乡交通运输一体化的基本特征

（一）城乡交通运输一体化的范围

广义上看，城乡交通运输一体化是指交通运输、物流；狭义上看，主要是县域内交通运输。城乡交通运输一体化的业务范围涉及城乡交通基础设施、城乡客运、城乡物流三个方面。

城乡交通基础设施包括主要包括农村公路、渡口、农村客运站、农村物流站点、农村邮政网点、城市公共交通枢纽场站等；城乡客运主要包括县城城市公交、县城至乡镇客运及乡镇至乡村客运，客运运营模式包括城市公交、农村客运公交化、农村客运、定制客运等；城乡物流包括快递物流、邮政普遍服务、邮政快递、农村货运等。

（二）城乡交通运输一体化的基本特征

城乡交通运输一体化特征主要表现为整体性、公益性、公平性、共享性、融合性和引领性。

1. 整体性

整体性是指城乡交通运输是一个有机整体，要求在规划和布局上统筹考虑、整体布局和协调发展。城乡交通运输要相互对接、有机连接、合理搭接、无缝衔接。

2. 公益性

城乡交通运输与普通百姓生产生活息息相关,用于满足人民群众基本出行需求和生产生活需求。在一些地区,城乡交通运输是百姓出行或生产生活物资运输的唯一方式,具有很强的公益性。

3. 公平性

公平性是指城乡交通运输在发展机会、享受政策、交通服务等方面的公平一致,为确保公平性,农村交通还应获得更大的支持和扶持。

4. 共享性

共享性是指城乡交通路网、站场、线路、信息等资源优化配置、彼此共享,而且应进行城乡交通运输资源有机整合,发挥资源的最大效能。

5. 融合性

融合性是指城乡交通运输的客运和货运、基础设施和运输、城乡交通运输和邮政、城乡交通运输与旅游、城乡交通运输与电子商务以及城乡交通运输与经济社会发展、城乡交通运输与互联网深度融合。

6. 引领性

引领性是指城乡交通运输要发挥在城乡经济社会发展、扶贫攻坚发展战略、城乡发展一体化、乡村振兴战略等国家战略和宏观经济社会发展的先行引领作用,使城乡交通运输一体化成为城乡发展一体化的先行官。

(三)城乡交通运输一体化的建设内容

根据城乡交通运输一体化的范围和特征,推进城乡交通运输一体化应当包括以下六方面的内容:

1. 统筹城乡交通运输发展规划

将城乡交通运输各种要素、领域、资源进行统筹规划,统筹农村公路、城市公共交通、农村客运、邮政、农村物流等各种运输方式的布局和运输网络。

2. 推进城乡交通基础设施一体化建设

把城乡间的交通基础设施进行一体化建设,实现城乡客运枢纽场站、停车亭与农村公路同步规划、同步设计、同步建设和同步投入使用。加强农村公路与城市道路的衔接,补齐农村公路建设短板,不断提高农村地区的通达性。

3. 推进城乡客运一体化建设

提升城乡客运一体化服务水平,完善城乡客运网络,建设城市、城际、城乡和镇村四级客运网络,采用灵活的客运服务方式,提高农村地区客运通达深度和广度,满足不同层次农村居民出行需求。

4. 推进农村物流建设

加快农村物流一体化发展,将农村货运与商贸、农业、供销进行资源整合和业态融合,加快农村物流三级物流节点体系建设,建设服务农村地区的农村物流服务网络。

5. 推进城乡交通运输管理一体化

加快完善城乡交通运输一体化管理体制机制,构建促进城乡交通运输一体化发展的体制机制、政策制度和扶持政策,加快构建农村交通运输安全保障机制,提高农村地区交通运输安全水平,创新农村地区交通运输投融资体制机制,构建保障农村地区交通运输健康发展的长效机制。

6. 促进城乡交通运输与其他业态融合发展

促进城乡交通与互联网的融合发展,提高城乡交通便捷化水平。促进城乡交通与物流、电子商务等业态融合发展,提高城乡交通支撑当地经济社会发展的动力。促进城乡交通与旅游业发展,大力推进运游结合。

四、城乡交通运输一体化的政府及相关部门责任

(一)政府职责

在推进城乡交通运输一体化过程中,政府及管理部门发挥的作用非常关键。实践证明,政府重视程度对城乡交通运输一体化的影响非常大。由于城乡交通运输具有很强的公益性,因此,政府在推进城乡交通运输一体化过程中应该起到主导作用。

城乡交通运输一体化涉及农村公路、农村客运、邮政普遍服务、农村物流等多

个领域，在《国务院关于推进中央与地方财政事权和支出责任划分改革的指导意见》（国发〔2016〕49 号）中明确“要逐步将社会治安、市政交通、农村公路、城乡社区事务等受益范围地域性强、信息较为复杂且主要与当地居民密切相关的基本公共服务确定为地方的财政事权。”强调了包括农村公路等在内的城乡交通运输领域基本属于地方事权，地方人民政府在推动城乡交通运输一体化过程中起到非常关键的作用。另外，由于在推进城乡交通运输一体化过程中涉及多个部门、多个业务领域，必须要发挥地方人民政府的牵头主导协调作用，才可以领导各个业务部门共同推进城乡交通运输一体化发展。在推进城乡交通运输一体化过程中，政府负责督促和监督政府相关部门按照各自职责推进城乡交通运输一体化，负责制定城乡交通运输一体化相关法律法规、宏观政策，负责城乡交通基础设施建设和养护，负责监督城乡交通运输市场，负责引导社会资金和力量参与城乡交通运输一体化建设。

（二）相关管理部门职责

城乡交通运输一体化发展涉及资金、规划、土地、环保、旅游等多项关键因素，需要凝聚中央、地方、企业合力，交通运输与发改、财政、公安、农业、供销、商务、邮政、旅游等多部门紧密配合，共同把城乡交通运输一体建设推向前进。在对各部门“三定”职责进行分析的基础上，依据中央与地方财政事权与支出责任划分理论，结合我国城乡交通运输发展实际，对城乡交通运输一体化涉及主体的职责分工进行梳理。

1. 交通运输部门

交通运输部门在推进城乡交通运输一体化过程中起牵头和主导的作用，主要职责是推动成立推进城乡交通运输一体化领导机构，并承担领导机构的日常管理工作；负责与财政、发改、国土、规划、建设等部门共同拟定城乡交通运输一体化发展扶持政策，做好政策的实施和考核；组织编制统筹城乡交通发展的一体化规划，并将城乡交通运输一体化规划纳入综合交通规划或交通运输发展规划；推进城乡交通基础建设，包括农村公路建设、农村客运站、农村物流站点建设、农村客运候车亭、农村公路改造、农村撤渡建桥等方面建设；负责提高运输服务水平，构建满足城乡居民出行需求的城际、城市、城乡、镇村四级客运网络，满足不同层次居民的出行需求，负责提高农村客运通达深度和广度工作，提高农村交通运输基本公共服务水平;负责提高农村交通运输安全服务水平,完善基础设施安全保障水平,提高城乡交通基础设施安全等级,加强城乡交通运输的安全管理,完善各种安全管理制度,落实企业安全生产主体责任;负责协同推进农村物流发展,促进农村物流与邮政、供销和商务部门等协同发展和信息与资源共享与整合。

2. 财政部门

负责拟定城乡交通发展资金扶持政策,保障城乡交通运输一体化发展资金;负责完善城乡交通运输一体化投融资政策,吸引社会资金投入城乡交通运输一体化发展;对城市公共交通、道路客运、邮政、农村公路等进行补贴,落实补贴资金,保障补贴资金及时、足额发放。

3. 发展改革部门

推动城乡交通运输价格改革,完善城市公共交通道路客运价格政策,完善农村物流产业政策,促进农村物流发展;将综合交通运输基本公共服务均等化水平纳入基本公共服务体系规划,将农村物流发展规划纳入当地产业发展规划。

4. 公安部门

负责加强道路交通安全管理,维护道路交通安全畅通。

5. 农业部门

协助推动农村物流发展,负责完善农机、农产品等产销流通环节,与交通运输部门加强合作,促进农村物流资源的共享利用与信息互通。

6. 供销部门

协助推动农村物流发展、农村电子商务发展;负责农产品收购和销售,以及农村生产生活用品销售,与交通运输部门、商务部门、供销部门等共同推进农村物流发展。

7. 商务部门

负责推进农村电子商务发展,与交通运输部门等共享农村物流资源与信息。

8. 邮政管理部门

负责推进农村地区邮政普遍服务的发展,为农村居民提供普遍的邮政服务,推进交邮合作，促进邮政与交通运输融合发展。

9. 旅游部门

负责推进旅游公路、旅游运输等的发展，加强旅游、交通运输信息和资源的共享。

（三）相关运输企业的角色

企业是市场的主体，也是城乡交通运输一体化服务的提供者，党的十八届三中全会提出了让市场在资源配置中起决定性作用，因此，在推进城乡交通运输一体化过程中，尤其要注意发挥企业的主导作用，积极引导企业投资城乡交通运输一体化事业，积极引导企业提高服务水平，提供更优质的城乡交通运输服务。

第二章　国外城乡交通运输一体化发展借鉴

一、美国

（一）发展概况

20世纪20年代，随着汽车工业的快速发展，小汽车开始进入美国家庭，私家车出行成为主要的出行方式；20世纪40～60年代，美国原有道路开始无法承载迅速增加的通行需求，交通变得拥堵，大气污染严重，经济发展受阻，此后美国开始提倡发展公共交通；20世纪80年代起，美国公路建设水平大幅提升，政府及学术界认为农村交通问题会随着高汽车拥有率消失，对道路客运实行放松管制的政策，导致客运线路经营冷热明显，巴士服务几乎退出效益低的农村地区，对农村公共交通带来很大的负面影响，美国的城乡客运逐步衰落；20世纪90年代后，随着美国“郊区化发展”浪潮，农村人口数量快速增大，运输供给与需求的矛盾使得城乡交通问题更加突显，美国近40%的农村地区完全没有公共交通运输，28%的地区仅有极少的公交服务，由于农村地区人口密度小、平均出行距离长，农村地区生活的老年人、残疾人士、未到开车年龄的孩子以及无汽车的低收入家庭等弱势群体就医、上学、上班等出行的方便性、灵活性及可达性受到极大限制，农村交通问题开始得到政府重视，政府和社会组织通过资金、技术援助等积极措施改善农村居民出行环境，并提倡为农村地区提供方便、灵活、高效的交通运输服务；2010年之后，美国有近60%的农村地区开始有公共交通，共有约1200个公共交通系统，运营主体中,60%为政府,35%为非盈利机构,仅5%是私人公司及其他性质的实体,农村居民出行中小汽车占90.3%、公交占0.4%、自行车占0.4%、步行占6.4%,公交主要起到基本出行保障作用。

美国非常重视城乡物流的发展,根据城乡物流服务需求的变化,各个时期发展方向有所侧重。20世纪50年代以前侧重提升运输效率,50年代侧重降低成本与提高服务,60年代侧重物流外包,90年代侧重客户关系的整合。而今,美国城乡物流发展重点放在了农产品和农资供应链的整合管理,致力于发展物流信息化,通过运用物流信息化的立体网络,将高效、快速、便捷的沟通方式与城乡客户资源进行整合,并强调加强供应链上下游主体之间的连接,提升城市和农村的物流服务,提高供应链中城乡远程的运输效率,从区域上跨城乡空间整合,从流程上将采购、仓储与配送、生产与制造过程和市场整合,通过总成本最小并提高服务质量来满足客户。

(二)美国城乡交通运输一体化发展特点

1.城乡交通基础设施发展特点

公路按功能分级,城乡路网衔接顺畅。美国的公路按功能划分层次,包括主要干线(适合于主要运行)、次要干线(分流道路)、集流道路以及地方道路和街道。市政道路与公路的建设、养护标准体系统一,规划衔接顺畅,公路网四通八达,城乡之间的往来快捷方便。

设立各级交通基金,明确各级财政承担比例。美国交通基础设施建设采取分级管理的办法,联邦政府和州政府都设有交通建设基金,公共交通基础设施建设主要由各级政府的交通建设基金予以资助。一般情况下,联邦政府资金占54%,公交管理机构从各种税费中自筹22%,州政府资金占13%,当地政府资金占11%。

实现农村交通基础设施现代化,为城乡居民享受均等化服务提供保障。美国农村通过基础设施的高度现代化建设后,农村地区的公路技术等级、路面铺装,以及客货运站场所提供的服务水平与城市相差无几,为城乡均等化的交通运输服务提供了可靠保障,大大缩小了城乡之间的差距。随着通信技术的进一步发展,现代交通设施进入农村,促进城镇和乡村逐步融合发展,交通便利的村镇已吸引了美国50%的人口居住,实现了真正意义上的城乡一体化。

2. 城乡客运发展特点

建立法律保障，确立城乡客运的公益属性。自20世纪60年代以来，美国政府先后通过了《公共交通扶持法》《综合地面交通效率法》《国家能源政策法》以及《21世纪交通平衡法》等法规，保障了城乡道路客运的公益属性。法规要求各级政府都必须为客运发展提供财政援助，以保证美国农村公共客运的正常运行，各州、地方政府和有关部门要提供财政援助，保障为老年人、残疾人及低收入人群等提供便利的公共出行服务。

科学编制交通规划，注重公众参与权利。美国经历多次规划、机制调整之后，制定了科学完善的交通规划规范，要求规划中明确包含涵盖城乡交通发展的区域交通规划内容，并形成了对规划编制、实施等过程全面的政策管理和协调机制，有效地保障了有关城乡交通的规划落实，推进了城乡交通运输一体化发展。美国强调公众参与规划的权利，因此无论是长期的规划还是改善计划，都要保证公众参与。通常，在规划过程中，州政府必须为城乡居民、受影响的企业、运输企业员工代表、物流企业及其他相关代表提供平等参与评价规划的机会，必须在合适的时间和地点举行会议，并由相关专家讲解规划，保障各类参与者的合法权利。

提供多元化服务模式，满足不同出行需求。根据服务方式，美国农村公交可分为定线（Fixed route）、需求响应（Demand responsive）和其他服务三种。定线服务包括传统的定班定线定点、定班定线、定班定点等不同形式，需求响应服务根据乘客预约需求采用小型公交车辆、厢式客车、小汽车等提供门到门服务，其他服务包括通勤公交、校车、合乘小巴、出租、渡轮、志愿者服务等，服务模式多元化，为城乡居民提供人性化的服务。从客运量来看，近年来美国农村公交客运量波动不大，2012年全年完成客运量1.19亿人次，其中定线公交客运量为6600万人次，需求响应服务3990万人次，虽然定线服务仍是美国农村公交客运市场的主体，但需求响应服务已占到33.56%市场份额，成为不可忽视的重要组成部分。从经营者数量来看，目前的1940家农村公交经营者中，专门提供需求响应服务的经营者1354家、传统定线服务或者部分定线服务的经营者430家、兼营需求响应服务与定线服务的经营者246家，农村公交需求响应服务经营者的数量远高于定线服务经营者。美国农村公交各模式发展情况对比见表2-1。

美国农村公交各模式发展情况对比(2012 年) 表 2-1

项 目	客运量(百万人次)	运营企业(个)
定线服务	66.0	430
需求响应服务	39.9	1354
其他	13.0	156
合计	118.9	1940

运输企业集约化发展,保障良好服务品质。根据美国公共交通协会统计,目前,全美 3102 个县中 2432 个县有农村公交,由 1940 家经营者提供服务,多为集约化经营。其中,62% 的经营者为政府所有、33% 为非盈利组织、5% 为民营企业或者印第安部落所有。近年来,美国农村公交经营者数量通过集约化经营、整合资源,有所递减,但整体服务品质得到了提高。

选用适合的客运车辆,保障出行安全、服务灵活。全美共有农村公交运营车辆 22225 辆,68% 的车辆为公交企业拥有、1% 的车辆为租赁、31% 的车辆为政府所有,而且 82% 的车辆可供轮椅升降与进出,每个企业平均车辆数 16.4 辆,平均车龄 5.8 年,单车平均座位数为 14.3 个。美国农村公交车辆以长头客车为主,同时有传统公交车、厢式客车和轻型客车,多种多样的车型满足了不同服务需求(表 2-2)。

美国农村公交运营车辆(单位:辆) 表 2-2

年份(年)	2008	2009	2010	2011	2012
公共汽车(Bus)	3930	3640	3904	3605	3309
长头客车(Cutaway)	7230	8474	10621	10907	10668
厢式客车(Van)	5165	4927	4459	4350	3993
轻型客车(Minivan)	2827	3025	3422	3496	3521
小汽车(Auto)	421	446	420	413	359
其他	348	378	307	361	365

采用科学的票制票价,鼓励公共交通方式出行。美国部分地区的农村公交实行单一票价制,单一票制没有距离之分,是指在线路运行的区间内部,任意两地间实行统一的票价。还有一些地区,实行计时及分区票制票价,使用日票、周票、月票有一定优惠,乘坐不限次数,以鼓励群众采用公共交通方式出行。

政府财政投入力度大,运营补贴制度完善。根据美国联邦公交法案(Federal transit act),联邦政府对农村公交经营者的补贴分为建设投资及车辆购置补贴、运营补贴,农村公交经营者还可以从卫生部、人权组织获得完善的农村医疗服务配套保障和推进农村就业等目标而提供的农村公交补贴。政府对农村公交补贴主要有两种形式:一是财政拨款;二是由依法专门设立的资金提供补贴,即联邦汽油税对每加仑汽油加收 5 美分,其中 1 美分进入公共交通账户,使公共交通的运营资助有了固定来源。

采用信息化技术,不断提高运输服务质量。美国城乡客运系统全国联网,在一处可购买各地不同时间的票。为提高运输服务质量,美国建立了几个客运智能系统:一是智能客运车辆系统,客运车辆要具备十字路口信号灯优先通过设备、车门情况侦测及显示设备、车辆主要运行事件监测设备、自动收费(包括智能卡)设备、车况检测终端设备、双向通信设备和录像监控设备等;二是客运管理系统,系统包括以下设备和功能:车辆追踪(准点情况、是否按路线行使)、票款点收、乘客计数、车况及维修和紧急事件处理等;三是信息系统,保持车辆、驾驶员、服务人员、服务设施和客运公司总部或控制中心的信息畅通,支持客运管理系统以及车辆系统的正常运作和及时反应。

3.城乡物流发展特点

立法确保物流流通秩序和效率。美国政府制定了有关农产品物流法律法规,几乎每一个农产品流通环节都有明确的法规,从而维护了流通秩序、提高了流通效率。

建立高效专业化的农产品物流体系。美国拥有一个庞大、通畅、高效和专业化的农产品物流体系。据统计,美国 90% 的农场主平均拥有土地在 10000 亩[❶]以上,农业生产的地域分别明显,不同农产品根据各地的自然环境特点,分别在不同的州进行生产,目前已经形成了固定且高效的流通网络。几乎每个大型的农场都有专门的包装、分拣、储存和运输系统。美国 10% 左右小规模的农场主中(种植面积一般在 50 亩左右),一部分是种植有机产品(目前主要以有机蔬菜和水果为主),直接进入附近超市配送系统;另一部分相对比较落后地区的农户由于还没有发展到一定的规模,所以借助协会(Assosiation)和合作组织(Corporation)的帮助进入第三方物流流通领域。

建立健全物流信息体系。美国农产品物流一个最明显的优势在于将其发达的农业信息流作为农产品发展的基础。农业生产数据和信息的收集、传播和共享

---

❶1 亩≈666.7 平方米。

为美国农产品物流的发展提供了及时准确的信息。美国农业部是美国最大、最全面的农业信息收集、分析、整理、发布和供应的权威机构，建立了手段先进和渠道畅通的全球电子信息网络，为农业物流的发展提供信息服务，物流企业可以迅速收集畅销信息，并根据生产和销售的具体要求，及时组织农资和农产品的供应。

（三）对我国城乡交通运输一体化的启示

美国城乡一体化发展已达到很高水平，城镇化率为82%，传统意义的农村社区几乎不存在，城市和乡村除去主体产业和景观差别外，生活水平和现代文明程度基本趋同，是全球范围内解决城乡二元经济及统筹城乡发展问题最为成功的国家之一。美国城乡一体化发展模式的特点是依托经济社会活动向郊区转移，带动城市郊区和农村小城镇快速发展，并通过完善农村交通运输等公共产品供给体系，促进城乡经济社会的融合。其发展模式对我国的启示主要有以下几点：

完善农村交通基础设施。美国农村交通基础设施建设权责明晰、投入高，补贴模式稳定多样。我国农村公路建设任务艰巨，应进一步明确各级政府职责，完善补贴机制，加大各级政府对农村交通基础设施建设投资力度和技术支持，根据需求全面平衡、重点支持、补齐短板。做好城市道路与公路的衔接，统一建设标准，提高农村公路技术等级，加强安保设施，为农村客运的开通提供保障。

建立运营补贴机制。城乡客运涉及公众基本出行权利，公益性很强，城乡交通运输行业内政策性亏损是普遍存在的，对此，美国政府立法明确了对城乡交通运输公司经营过程中的政策性亏损补贴。我国目前在农村客运、农村物流等方面补贴有限，还没有彻底明确政策性亏损补贴的标准。为保障政府财政补贴效用的有效发挥，未来的城乡交通运输发展中必须建立有效的运营补贴测算和补贴核查机制。

完善相关法规标准。美国的城乡交通体系一直是统筹管理，形成了统一的管理体制和法规标准体系。我国由于长期以来的分割造成了城乡之间在交通法规标准方面存在不同，原有的法规标准已不再适应城乡一体化发展的大趋势，当前城乡交通运输一体化还没有对应的法律依据。政府和交通管理部门要推进城乡交通运输一体化法规标准体系建设，做好农村与城市交通法规体系的衔接和调整，对城乡客货运服务标准、综合服务站服务规范、不同道路条件的车辆选型标准等作出统一规定，使得城乡协调发展，给城乡交通运输一体化创造良好的市场秩序。

加强规划编制落实。一个科学的城乡交通规划,对于引导区域健康发展尤为重要。我国城乡交通规划管理要实现科学化:一是要实现规划立法,做到规划有法可依,保证规划方案具有强约束性;二是要形成系统的城乡交通规划体系,各专项规划要做深做实,相互协调衔接,规划中要明确发展目标、原则、重点任务和政策措施;三是要建立良好的规划审批、实施有效的监督机制,确保规划落到实处。

科学制定运营组织模式。郊区和偏远地区因乘客出行需求密度低且具时空分散特性,使公共交通的使用率低,固定路线和固定班次的传统公共汽车或客运班车都存在空车率偏高的问题。根据美国推行多样化运营模式的经验,我国应考虑不同地区经济的发展水平、城乡居民的出行需求时间及空间上差异及道路站场等状况,合理调整完善城乡客运的线路网络,探索需求响应等多种运营模式,提供贴合需求的服务,并应用现代信息与网络技术,使乘客享受个性化的高质量服务。

提升运输服务水平。根据经营线路的预测客流量及成本来配置车辆,提高车辆配置配备,加强对城乡客运服务人员的职业技能培训,提高从业人员的整体素质,进一步提高城乡客运的服务水平,加快运营的规范及标准化,完善服务质量的考核评价制度,逐步建立城乡运输企业经营管理的社会评价体系,为城乡居民提供相对舒适的出行条件。

二、德国

(一)发展概况

德国城乡融合度已达到较高水平,城镇化率超过75%,基本实现了城乡发展一体化。德国城乡交通运输体系完善,带动了中小城市和农村地区小城镇的发展,主要做法体现在三个方面:第一,统筹城乡交通运输发展规划,通过中小城市和小城镇的交通运输通道的规划和建设,加强城乡之间的要素流通,改善小城镇的生活环境,带动整个区域的协调发展;第二,加强农村交通基础设施建设,改善农村发展环境和农业发展能力,促使农业产业化,将企业向农村地区扩散,增加农村就业岗位,对偏远的山区、农村地区,实施扶贫开发和移民搬迁工程,改善农村居民的生产生活条件;第三,完善农村交通运输服务体系,提供高效的物流服务和高品质的客运服务,实现城乡基本服务一体化。

(二)德国城乡交通运输一体化发展特点

1. 城乡交通基础设施发展特点

交通基础设施建设用地,大部分由政府提供。德国在城乡交通基础设施建设过程中,提供城乡客运服务所需要的场站、公路、铁路、通信等公共设施,由所在的州政府无偿提供建设所必需的土地。城乡物流方面所需的物流园区建设,由政府与土地所有者协商完成土地征用,并投资完成园区及周边基础设施建设,物流公司来承建园区内的仓库或转运站等地上建筑。

2. 城乡客运发展特点

纳入城市规划,享受各级政府资助。德国城市规划的基本原则强调,在所有地区,与交通密切相关的开发应与交通发展相协调,必须配套相应的交通服务。城乡客运基础设施的规划同区域规划、地方规划以及城市建设联系密切。城乡客运基础设施的建设会受到联邦政府和各个州政府的资助,城乡客运的税收也可以减免,当城乡客运在执行公共管理方面的任务导致经营亏损时,可以得到相应的经济补偿。

明确政府职责,采用特许经营方式运作。德国城乡客运属社会公益性事业,发展城乡客运是地方政府的基本职责。但地方政府很少直接参与城乡客运的运营,而是采用特许经营方式进行运作。参与营运的公司大致可以分为两种:一种是政府出资设立的公司,另一种是私人公司。所有运营模式,其经营主体都必须严格按照市场化的招标流程选择,中标的运输企业按照合同为本区域或几个联盟城市区域提供相应数量和品质的公共交通服务。政府通过有效的制度安排,保证公共交通市场的适度竞争,不断提高服务质量与水平。

成立交通联盟,实行区域经营管理模式。德国是最早实行区域客运一体化的国家之一,主要是以成立公共交通联盟为客运组织方式,将城乡道路客运统筹考虑,通过整合资源提升服务品质,扩大服务范围,合理调配运力,客运企业可较为自主地根据需求规划调整线路,实现区域经营。例如,由多家公共短途客运公司组成的汉堡交通联盟,联盟内各单位联合经营,相互协作,共享交通资源,全面满足客运需求,统筹规划发车线路和班次,为城乡居民提供了高品质、多样化的服务,汉堡地区的乘客可以非常便捷地到达交通联盟覆盖的区域内。

票价体系多样化,计价方式具有特色。以汉堡地区为例,汉堡类似我国的直辖市,公共客运交通网络由地铁、公共汽车线和轮渡线等方式组成,汉堡公交联合有限公司负责整个公交系统的管理和票价制定。汉堡公交联合有限公司把大汉堡地区划分成若干环形的地理区,再沿不同的方向把这些环分割成各个票价区,不管是何种公交的站点,必定处于某个票价区内。在出票时,工作人员会注明该票所适用的票价区。对于短期票,一般以所行路程远近定价,原则上区域范围越大单位价格就越便宜。还根据乘客不同的需求、不同时间长度确定不同的票价,原则上预订时间越长单位价格就越便宜。同时,针对不同需求的人群,定制了合适的经济实惠的车票,如职业卡、学生副卡、限时票等,失业人员还可以得到社会救济车票。

确保城乡客运公益属性,财政扶持方式多样化。德国公共交通属于社会公益性事业,不以盈利为目的,当公共交通发展出现困难时,政府予以必要的补贴。德国联邦政府制定了《乡镇社区交通资助法》和《区域化法》,规定了联邦政府在推行公交优先政策及推动德国公交建设中的投资数额,以及公交建设资金的分配和使用细则,该部分资金主要来源于征收的石油税,通常能占到公交企业亏损总额的30%以上。德国对公交企业的补贴最主要是通过税费优惠等隐形补贴实现,对企业减少公共交通销售税(增值税)的50%和完全免收公共交通的车辆税,另外还减收公共汽车的用油税。德国相关法律明确规定当公共交通企业由于执行指令性任务,而该任务又不允许企业通过票价收入来弥补费用支出时,企业可得到经济补偿。在部分地区,地方政府每年会对城市公共交通服务完成情况优秀的企业予以资金奖励,以更好地激励企业提高公共交通服务品质。

3. 城乡物流发展特点

建立中小物流企业联盟,促进物流业集约化发展。德国中小物流企业联盟是指由两个或两个以上的中小物流企业,为实现扩展运输服务网点和服务半径等物流目标,通过签署合同形成优势互补、相互信任、风险共担、收益共享的长期物流伙伴关系。德国中小物流企业联盟在帮助中小物流企业拓展市场、降低成本、提高物流效益的同时,也极大地提高了德国道路货运业的组织化、网络化、信息化、标准化水平,现已成为德国道路货运市场重要的组织形态。在组织模式方面,各企业在保持自身独立性的同时,为联盟贡献出自己的核心能力,通过股权参与或者契约联合,结成较为稳定的集约化物流组织的合作模式,各成员之间的责任和义务由一系列框架性文件、合同进行界定;联盟成立具有法人地位的经济实体作为联盟运作管理的实体机构,负责统筹、协调成员企业间的业务。在成员选择方面,通常合作对象的选择十分慎重,有较强的针对性,企业加入联盟需要满足一系列的约束条件,如有 40 辆以上载货汽车、75% 的业务量由本企业完成、通过 ISO 9001 认证等。在资源配置方面,联盟内部通过资源和信息共享使成员的服务范围可以进行无限制的延伸,显著增加业务量和市场占有率;联盟成立的法人主体对联盟的资源和任务进行统一计划和管理,从而实现联盟内部的资源优化配置。在信息化方面,联盟的高效运作以完善的信息平台为基础,通过物流信息平台让企业及时掌握物流需求,保持成员间信息互通,为客户提供更优质的物流服务,极大限度地提升联盟内整个物流活动的组织能力及效率。

融入可持续发展理念,鼓励绿色物流发展。德国道路运输行业大力提倡"环保、绿色、节能",政府对环保、能源问题规定严格,包括道路货运企业在内的德国物流企业通过加强和改善运输、储存、包装、装卸、流通加工、管理等物流环节,达到降低环境污染、减少资源消耗的目的。例如,在德国运营的车辆必须符合环保方面的要求,凡是使用节能环保的设备都可以得到政府的补贴;对驾驶员的节能驾驶技术进行培训;通过组织和技术创新,整合运输资源,组合不同物流企业的货物,提高货车的实载率;鼓励多式联运,优化不同运输方式的组合,在长距离运输中尽可能以铁路、水路运输为主,在短途运输中则采用近距离配送和夜间送货的方式,减少交通拥堵、节省燃料并降低排放。

城乡物流标准化、信息化水平高。德国重视城乡物流标准研发与推广,围绕基础设施、装备等制定基础性和通用性标准,以保证农资、农产品运输活动的顺利进行;支持行业协会对各种城乡物流作业和服务制定相关行业标准等。目前,已建立起较为完善的标准体系,涵盖运输、包装、仓储、配送和信息化等物流环节。德国城乡物流产业的高度信息化受益于德国经济产业的信息化,物流企业全都实现了基于信息系统的物流活动组织,通过信息化压缩物流活动全过程中的闲置时间,提高物流乃至生产过程的整体效率。

完善农产品冷链体系,推进农业物流专业化发展。德国标准化的冷链体系,以及运输、存储、包装等企业的紧密合作,为农产品的顺畅流通提供了技术上的保障。在德国,大量大型的冷藏运输车担负着农产品产地、加工厂、销售点之间的联系,无论是肉类、鱼类,还是蔬菜、瓜果,从产地或加工厂到销售网点,只要进入流通领域,这些食品始终处在一个符合产品保质要求的冷藏链的通道中运行。

(三)对我国城乡交通运输一体化的启示

优先保障城乡交通设施建设用地。德国城乡客运基础设施用地由政府无偿提供,货运基础设施用地也享受政府大力支持,对城乡交通发展的推动作用很大。我国对城乡交通建设用地应科学规划、提前预留,城乡交通基础设施的规划建设,要加强与国土、规划、建设等部门的协调和沟通,在土地利用规划中严格控制用地,确保在用地配置上优先安排城乡交通设施用地。

整合客运资源,培育集约市场主体。采用政府引导、企业主导的发展模式,扶持具有良好社会信誉的客运服务品牌龙头企业规范经营,以资产为纽带实施区域城乡客运运营主体的兼并、重组,集约市场主体,整合客运资源,改变传统客运市场"小、散、弱"的局面,打造集约化、规模化、长短结合、城乡一体的客运网络服务体系。统筹城乡交通基础设施建设和运营网络布局,探索特许经营在客运领域的实践,形成区域内业务整合、服务统一、组织集约、竞争有序的良性发展市场格局。

开展区域经营,扩大企业自主经营权。区域经营是一种非常适合农村客运市场的资源配置模式,有利于实现区域内冷热线的经济效益互补,解决客运企业"重热轻冷"的矛盾。实施区域经营,企业可以采取灵活多样的运输组织方式,根据客流情况调整班次和运力,进而提供规范化、标准化、个性化的服务,提升城乡交通均等化水平。在鼓励开展区域经营的基础上,扩大企业经营自主权,综合考虑企业运营成本和社会承受能力等因素,合理确定票制票价;拓宽收入渠道,建立集城乡客运、物流、驾培、商业为一体的综合服务体,建立持续发展机制。

科学制定票制票价,给乘客更多的选择。科学合理的票价是保障企业正常运营、调节不同交通方式客流需求、促进城乡交通行业可持续发展的重要条件。我国一些地区推行偏离运营成本的超低票价政策,政府补贴又未能及时到位,给企业带来沉重的经济负担。为此,应加快建立科学的定价调价机制。票制票价的确定除了应考虑运营成本以外,还应综合考虑各方面因素,并根据车辆档次、服务质量、乘车距离等建立多层次、差别化的票价体系。同时,要建立票价与运营成本和社会物价水平的联动机制,及时调整票价,确保城乡客运的可持续发展。

加强信息化和标准化建设,提升行业效率和服务水平。德国物流业从市场结构上看还是比较分散的,但是通过推广运输的信息化、标准化使分散的资源有机整合,实现了各企业间协作分工的新模式。我国农村物流信息化、标准化水平整体较低,公共信息平台建设需求日益紧迫,应建立并完善区域性的农村物流公共信息平台,加强各领域城乡物流网络的共享,从整体上降低物流成本,促进物流产业发展。同时,提升农村物流专业化服务,制定相应的行业规范和标准,支持农产品冷链物流体系建设,鼓励规模运输企业开展冷链运输。大力推广适用农村物流的厢式、冷藏等专业化车型。

培育中小物流企业联盟,提高行业组织化水平。德国发展中小物流企业联盟的实践表明,通过建立联盟可有效帮助中小物流企业拓展市场,扩大服务范围,降低运营成本,提高物流效益,促使企业在业务流程、信息化建设和服务标准等方面的不断规范,有效整合物流资源,应对市场竞争环境。我国中小物流企业占据市场主体绝大多数,这点与德国相类似,德国中小物流联盟的发展经验给我们多方面的启示:一是联盟驱动服务质量的提升,通过联盟的建立可有效满足现代市场对物流服务的各种要求,保障物流服务低成本高效率运作。二是合理加盟制度是联盟成立的基础,进入联盟门槛的设定,在给优质企业更多发展空间的同时,也会促使物流企业规范化运营,努力提高服务品质,对企业和整个行业的升级发展有一定的积极影响。三是治理结构是联盟运行的核心要素,采用股权制和契约制有机融合的治理机制,注重维护成员企业的平等地位,联盟管理集中于企业相互之间的业务往来、整个联盟的服务品质监控、客户关系维护和联盟发展导向,并不对成员企业的日常业务进行过多干涉,保障了物流联盟结构的稳定。四是信息网络平台是联盟的重要支撑,信息网络平台有效地支撑着联盟企业间的业务往来和结算,整个服务网络的运力调配,服务过程的信息跟踪、品质控制以及损害赔偿等。五是政府和协会是联盟发展的重要推动力,德国的中小物流企业联盟发展迅速,是因为政府在促进和引导联盟发展中做了大量的工作,发展联盟不仅需要企业积极探索,政府和行业协会也应该发挥更大的作用,由政府和行业协会来主导进行资源整合、产业组织结构调整,应该是当前我国中小物流企业实现协作发展的有效组织模式。

加快绿色物流发展,推动行业转型升级。德国将绿色物流贯穿在物流活动所涉及的每一环节,联邦政府出台相应政策措施和规划,物流企业在运营活动中实践绿色物流,企业联盟通过提高运输效率实现节能减排,多式联运的发展实现了各种运输方式的紧密衔接,货运中心也提出“绿色货运中心”的理念,科研机构针对绿色物流的理论和技术进行研究,制造企业等物流需求方也对物流企业提出绿色物流的要求。可以看出，在德国发展绿色物流，无论是理念、政策措施，还是最终实施，都已形成社会共识。我国绿色物流起步晚、起点低，德国绿色物流的发展经验给我们多方面的启示：一是要对绿色物流的发展进行顶层设计，包括绿色物流发展长期战略目标、中期规划目标及近期目标三个层次。二是要建立与绿色发展相适应的物流管理制度，通过补贴和税收减免的手段来鼓励企业进行创新，推动普通货车向专用汽车方面的改进，开展绿色物流的做法和新模式，促进绿色物流的发展；通过出台能源税、碳税、环境税等财税政策，提高能源使用成本、鼓励节能降耗、控制温室气体排放。三是要加快发展甩挂运输、集装箱运输、厢式货车运输、零担快运等先进的运输组织形式，提高道路货运市场的网络化、组织化水平。四是设定严格的行业准入标准，包括创立绿色货运企业标准，绿色货运车辆标准，绿色驾驶标准等。五是广泛开展绿色物流的相关培训，强化驾驶员节能驾驶职业教育和培训。

三、英国

（一）发展概况

英国是高度城市化的国家，城镇化率超过 90%，实现了城乡一体化发展。从 20 世纪中期开始，英国在科学规划的基础上，通过不断提高农村交通基础设施和公共服务水平，推动城乡交通运输一体化发展，实现了大中小城市和小城镇的精密化协调发展。

（二）英国城乡交通运输一体化发展特点

路网衔接顺畅，安全防护工程完备。英国公路网由战略公路网和其他公路网组成，其中，其他公路网又由地方公路和农村公路组成，包含 B、C 和 U 三个类型，B 路连接小城镇较多，弯道多，交叉口多；C 路为居民社区（类似我国的乡镇）内的道路；U 路为不分级的公路，主要分布在乡村地区，为乡村人民生产生活服务。英国对农村公路的规划，强调地方自身需求的优先性，将交通规划和城镇规划同步进行，以地方城镇建设规划为核心开展农村公路规划，超越职权的，逐级做好各层次的区域规划对接，使农村公路与区域路网相协调、衔接顺畅。英国十分注重道路交通安全标志标牌工作，特别是在十字交叉路口、丁字路口、急弯处、视线盲区等位置设置了大量的标志、标牌。在一些事故高发路段，对行车速度进行了严格限制。

注重发挥农业合作社的作用，推进交通运输资源共享。合作社是英国具有特色的一种合作组织，奉行“一切以用户为中心”的经营理念，建立适合市场经济的组织体系。其中，农业合作社主要从事农村地区物资采购、农产品加工和销售、涉农物资的仓储运输，以及农村基础设施（如运输设施等）的建设和共享使用等。农业合作社设立服务网点体系，为用户提供全方位的服务，服务领域涉及农资销售、农产品运输、金融服务、零售等等，通过生产方、销售方、运输方、服务方等的联合，扩大规模，在较为全面的信息支撑下，在物资流通环节统筹资源配置，实现交通运输资源共享，降低消耗成本，提供多样服务，使各方从中得实惠。

农村出行方式多样，公交补助政策详细有力。英国的公共交通运输网络十分发达，整个公交客运网络遍布所有地区，包括与城市接壤的郊区和乡村，公交线路与轨道交通衔接顺畅。英国道路基础设施条件好，农村山区私人机动车保有量相当高，甚至高于城市地区的拥有率，所以在英国农村地区，居民更倾向于私家车出行。城乡客运体系仅提供了一些保障性线路，在偏远农村，利用邮局车载客也取得一定的效果。英国政府对公共交通企业依实际情况给予适当的专项资金支持。主要包括：一是对于偏远地区一些特定的非盈利的公益性公交线路，通过服务质量招投标方式授予企业负责经营，企业可以从地方政府获得运营经费资助。二是对特定人群乘车优惠补助，《优惠巴士出行法案》规定，60 岁以上老人和残疾人可在非高峰时段全国范围内免费乘坐公共交通车辆，地方政府对此予以专项资金补偿。三是对公交企业的燃油消耗给予资金补助，英国运输部对地方公交企业按照燃油消耗量给一定补助，平均 1L 柴油补助 49 便士，约占油价的 40%。四是各级政府根据相关法律规定，通过服务质量奖励方式给予服务较好的公交企业资金奖励。

（三）对我国城乡交通运输一体化的启示

编制规划、完善标准，构建通畅的基础设施网络。我国基础设施建设规划方面，要加强城市内外规划的协调和各规划间的有效衔接。考虑到城乡各地地理分布不同、经济发展水平不均衡及城乡居民出行需求不同，城市与农村的道路供给具有一定的层次性，对道路的技术等级要求及服务功能不同。还要尽早制定和出台城乡交通一体化设施建设的技术规范和技术标准，将城市公共交通和公路交通等各部门的规范和标准进行合理的修订和完善，妥善解决交通设施布局在技术规范和标准上的空缺、不统一、运用不合理等问题，尤其是城乡交通对接处、结合部、转换点、延伸段等，应尽可能同相关技术规范和标准一致、统一，为城乡交通运输一体化提供可靠的、有效的技术支撑。

强化行业间合作发展，提升资源共享。通过建立合作机制等措施，努力改进、提升交通与其他行业的合作发展。科学规划布局运输服务网络，加快推进城乡综合站点的建设进程，加强城乡客货、货运与农村有关行业的资源整合，提升效率。破解农村客运站运营效率不高的实际情况，拓展乡镇客运站服务功能，整合客运站场、物流配送、农资及农产品仓储、旅游集散、小商业服务、邮政分包及乡镇行政管理等业务，提升站点的使用效率，提高站点服务水平。城乡物流站点方面，主要通过与供销、电商快递网点等的融合，解决站场利用效率较低的问题。推进“一网多用”发展新模式。加快城乡客运线网的融合，实现城市周边公交、农村客运等各类线网之间的有效衔接、融合发展；引导货运企业利用网络优势，建立与邮政、商贸、供销等合作，集连锁经营、配送到户、科技服务为一体的城乡物流网络；鼓励利用道路客运小件快运等业务，引导城乡客运线网与城乡物流网络逐步融合。

四、日本

（一）发展概况

作为第二次世界大战后首个实现工业化的亚洲国家，日本城镇化建设的经验一直受到国际社会的关注，日本的城镇化率超过 90%，远远超过东亚地区 55.6% 的平均水平。在日本，纯粹生活在农村、渔村、山村的人口非常少。日本的城乡差距经历了先扩大后缩小的过程，呈倒 U 形曲线。即：在城市化、工业化初期，城乡差距迅速扩大；城市化、工业化中后期，城乡差距出现短期的稳定并呈缩小之势；城市化、工业化结束，基本实现城乡的一体化发展。日本城乡一体化发展的基本模式是以大都市圈为主导，中小城市、城镇共同发展；以工业化促进城镇化发展，城镇化率与工业化进程同步；通过政府推动促进城乡一体化进程。大都市集聚程度非常高，全国 45% 的人口集中在东京、关西、名古屋三大城市圈，包括东京在内，日本共有 11 个人口超过百万的大城市，另外还有 50 多个人口超过 30 万人的中型城市。

(二)日本城乡交通运输一体化发展特点

1. 城乡客运发展特点

构建以轨道交通为主体的城乡客运体系。日本城乡间的运输以轨道交通为主体,公交及其他客运线路在地铁站附近接驳。除地铁外,乡村居民还可凭借密集的乡村道路网驱车进城。对于东京圈来说,旅客通勤交通相当大程度上依赖于铁路系统,通过公路出行的旅客分担率仅占不到50%(其中公共汽车占10%)。

严格控制私人交通出行。日本作为世界第二大汽车生产国,汽车价格相对便宜。但是日本对于小汽车的发展采取的是严格限制的措施,一方面通过征收高额税费来减少小汽车的购买和使用,如在日本养车需要交纳的税目较多,目前主要有消费税、汽车取得税、汽车重量税、轻型汽车税、燃油税、柴油交易税和石油天然气税等9个税目,其中的大部分费用需要由消费者自己承担。汽车税收也是目前日本政府的重要财源之一,在2005年度的财政预算中,汽车消费者负担税金的总额已达到国家税收总额的11.3%,为9.11万亿日元。在日本,如果私人想购买汽车,必须先持有停车位合同,一般每个停车位的价格都极高。同时,公共停车场的停车费也非常高,一般每月2万~4万日元。因此,大多数的私家车每年约有三分之二的时间在自家"休眠",所以尽管东京平均约每两个人就有一辆汽车,但是却很少有交通拥堵的现象,这与日本停车位的高费用密不可分,同样也因此大大减少了小汽车交通而导致的环境污染。另一方面,为控制私人交通出行,通过构建发达的城际、城市和城乡轨道交通系统,人们可以方便地通过城乡轨道交通系统实现从城市到农村的转移。作为城市和农村间的客运主体,轨道交通通过换乘组织来实现与其他交通方式,如长途客车、公共汽车的衔接。

2. 城乡物流发展特点

目前,日本国内已形成了一个巨大系统的物流体系。即以86~88个物流用地为核心,各种配送中心、物流中心为节点,由循环配送线路所连通的物流体系,加上先进的电子商务,使得日本的物流效率迅速赶超了欧美,成为世界第一。

构建完善的物流基础设施体系。日本在全国范围内开展了包括高速公路网、新干线铁路运输网、沿海港湾设施、航空枢纽港、流通聚集地在内的各种基础设施建设,构造新型的物流运输体系和仓储系统。这些基础设施具有世界领先水平,为扩大物流市场和促进物流业的发展提供了有力保证。日本是建设物流园区最早的国家，考虑到国土面积小、国内资源和市场有限、商品进出口量大等因素，在大中城市、港口、主要公路枢纽都规划建立了物流园区。日本注重交通设施与物流园区之间的配套建设，提高了经营的规模效益。

建立多层次、多方参与的物流管理模式。建立宏观、中观、微观管理三层管理模式：宏观管理，通过相关省厅的合作，建立综合物流施策推动会议制度。中观管理，地方上为贯彻中央综合物流施策推动会议的决定，设置相应的综合物流施策推动会议，其组成单位为：地方政府职能部门、院校研究所、地方公共团体、都道府县警察、商工会议所、企业界团体等。微观管理，在运营管理方面，日本政府则采用"官民协力"的方式，宏观上统筹调控，微观上自由放开，物流用地由政府收购，以低价转让给物流协会或类似的中间团体，组成管理委员会进行经营管理、改造更新。其中，涉及国民生活的食品类用地，则由农林省委派专人或地方政府长官担任管理机构董事长。

精细化的道路货运安全管理。日本将道路运输安全工作时刻放在首位。对企业、驾驶员和营运车辆的安全状况严格把关，并实行严厉的处罚措施，如驾驶员酒后开车，企业将受到停业整顿一周的处罚；驾驶员发生安全责任事故，调度员也要负较大的法律责任。日本道路运输业为防止疲劳驾驶，保证驾驶员不超出法定驾驶时间，建立了点呼制度。日本《道路货物运输安全规则》要求道路货物运输企业必须对自有车辆和驾驶员进行点呼。点呼是点呼者（运行管理者——相当于我国的安全员）对驾驶员进行的询问、检查、记录和确认的过程。点呼分为：出车前、运输中途和运输结束后三种点呼。

（三）对我国城乡交通运输一体化的启示

加快城乡交通基础设施建设。从日本的发展经验来看，日本非常重视城乡交通基础设施建设，发挥基础设施先行的作用。日本是最早建立物流基础设施体系的国家之一，并以基础设施引领物流业发展，建立了领先的物流基础设施，大大提高了全社会物流效率。目前，我国的物流基础设施发展还较为滞后，尤其是县域内物流基础设施严重不足。因此，要结合日本的发展经验，加快建设县城、乡镇、乡村三级物流节点网络，服务农村物流发展。另外，日本非常重视枢纽站点的综合开发利用，注重枢纽站点周边不同运输方式的衔接以及站点的商业开发，建设TOD模式的轨道交通站点。在我国，一方面要建设综合客运枢纽，加强不同运输方式的有效衔接，鼓励铁路火车站、汽车客运站与城市公交站点、轨道交通站点等的有序衔接和融合建设。另一方面，要完善相关配套政策，鼓励和支持农村客货运站场用地综合开发。

构建多层次城乡客运一体化服务网络。由于日本传统意义上的农村已经非常少了，日本根据以大城市为核心、中小城市为主体、农村地区较少的特点，构建了以轨道交通为主体、公共交通和私人小汽车为辅的客运服务网络，这对我国京津冀、长三角、珠三角等城市群地区具有重要的借鉴意义。在城市群地区，要加快建立完善综合运输网络体系，实现城乡道路客运与铁路客运、机场、码头的一体化换乘和衔接，尤其是在城市群地区调整道路客运发展结构，建立以轨道交通为主体、公共交通和农村客运班线进行衔接的客运服务体系。

充分发挥政府在农村物流发展中的作用。日本在物流发展过程中，政府在其中起到了非常重要的作用，一是在物流管理中建立了综合物流管理体制，二是在物流基础设施建设和运营中，由政府推动物流基础设施建设，并派人参与物流基础设施的运营。这对我国推动城乡物流发展具有重要借鉴意义，一方面，我们要充分发挥政府在推动农村物流发展中的积极作用，政府通过制定农村物流发展规划，出台土地、资金等扶持政策，完善相关的配套政策，积极吸引各方力量参与农村物流发展。二是要建立综合物流管理体制机制。推动地方政府建立以交通运输部门牵头，发改、规划、国土、商务、农业、供销等各方参与的农村物流发展体制机制。

完善道路运输安全管理制度。日本的道路运输点呼制度，有效地防止了驾驶员的疲劳驾驶，减少了道路交通安全事故的发生，提高了道路运输安全水平。目前，我国道路运输安全形势较为严峻，应当借鉴日本道路运输安全管理的经验，完善安全管理制度，对道路运输车辆实行精细化、过程化管理，可以试点建立道路运输安全点呼制度，提高道路运输安全水平。

五、韩国

（一）发展概况

韩国是亚洲城镇化进程最快的国家，城市化率为 91%。当前学术界普遍认为，韩国的城镇化第一阶段为 1960—1980 年，城镇率从 28% 增长到 57%，20 年时间提高一倍。第二阶段为1980—1990年,城镇化率达到74%,基本完成城镇化进程。第三阶段为1990—2011年,城镇化率超过90%,形成高度城市化形态。

除了速度快之外,人口向大型城市聚集是韩国城镇化进程的另一个明显特征。被韩国乃至世界各国承认的"汉江奇迹"是韩国工业化高速发展的时期,同时也是韩国城市化高速发展的时代,1960年,首尔人口只有157万,1990年则增加到1054万,占全国总人口的24.5%。以首尔为核心的首都圈,国土面积仅占全国的12%,却曾经集中了韩国近一半的人口。

韩国推进城乡发展一体化的实践特点主要三个方面:在短期内快速实现了城乡发展一体化、长期维持了城乡之间的均衡协调发展、采取了政府主导型的经济发展模式。

(二)韩国城乡交通运输一体化发展特点

1. 城乡基础设施建设特点

韩国的城乡基础设施建设特点是构建以首尔都市圈为核心的放射状交通基础设施网络。2008年全国道路长度近10.3万km,与1990年相比,增加了将近一倍。六大城市的道路总长度为1.54万km,相当于全国道路长度的20.8%。首尔道路网密度最高,达12.7km/km^2,道路面积占城市用地面积近20%。首尔地铁是世界上单日载客量最大的铁路系统之一,车站数量376座,截至2015年底,路线长度世界第七,其服务范围为韩国首尔特别市和周边的首都圈。

2. 城乡客运发展特点

首尔共有公共交通企业68家,日均客运量为550万人次。在市区平均车速为22.9km/h。公共交通车辆7748辆,从业人员16461人,人车比为2.13∶1。首尔将发展轨道交通作为解决交通问题的重要战略。首尔地铁承担了市内和周边旅客总运量的35%~40%,日均载客量超过800万人次。

构建多形式的公共交通服务模式。韩国有三种形式公共汽车:地方公共汽车、豪华公共汽车和往返公共汽车。地方公共汽车是一般的公共汽车,车内站位多于座位。豪华公共汽车占公共汽车总数的25%,座位数较多,站间距离比地方公共汽车大,票价是地方公共汽车的两倍。韩国还推出往返公共汽车,在地铁站与居住区之间往返运行,为居民换乘地铁提供方便。随着地铁系统的建设和大型综合公寓的建设,对往返公共汽车的需求日益增加,为了午夜后仍有公交服务,开辟了28条豪华公共汽车线路，运营时间从午夜至凌晨2点。

对公交实行运营补贴。公共交通票款收入不足部分由政府补贴，目前，首尔公共交通成本中票款收入占80%，政府补贴占20%。政府按照百公里成本实行补贴。百公里成本由交通管理部门、公共交通协会、相关专家组成的审核机构每年对各条公共交通线路进行确认，先由政府计算出全年各条线路的平均百公里成本，然后结合不同线路实际与公共交通企业协商并谈妥支付标准，并以车辆为会计核算单位。另外，政府对企业购置CNG等清洁能源车辆的行为，提供每辆车1亿韩元的补贴。政府还对公共交通枢纽站建设进行补贴，如Yeouido公共交通枢纽站，总投资290万美元中政府投入50万美元，社会投资通过站点广告等获益。

制定了规范的补贴监督考核机制。首尔明确规定公共交通企业年基本利润率约为3.75%，考核利润率约为1.25%。考核利润是指每年市政府交通管理部门会同公共交通协会等单位，按照公共交通服务质量考核标准的要求，对公共交通企业运营服务质量进行考核，然后根据考核结果排名，对完成运营服务质量好的企业，在满足其获得基本利润(含合理成本补贴)后，还给予一定考核奖励利润。

3. 城乡物流发展特点

韩国物流产业的结构特征主要表现在：第一，大部分韩国的物流企业规模小，由此导致有组织的联合运营能力不强，阻碍了物流效率的提高，影响了国际竞争力的提高。第二，以公路运输为中心的物流体系仍然占据主导地位，但随着对外贸易的发展，海运、空运业务在逐步增长。第三，与物流相关的主管部门有农林水产部、产业资源部、建设交通部、海洋水产部等。

制定了综合性物流法律法规。制定了综合物流事业育成特别法，以法律的形式为现代物流的发展提供了一系列有关的法律和制度保障。有效消除了《货车运输事业法》《货物流通促进法》《流通产业发展法》等不同法律法规交叉、重复和冲突以及其他阻碍物流业发展的问题。

支持龙头骨干物流企业发展。韩国对现代物流企业有重点、有区别地进行支持。集中支持部分具备竞争优势的企业，着力创造韩国的世界一流的物流企业。而且支持形式不仅仅局限于设施资金，在运营资金方面也给予企业一定的支持。

(三)对我国城乡交通运输一体化的启示

创新城乡客运服务模式。韩国根据不同乘客的需求，推出了地方公共汽车、豪华公共汽车和往返公共汽车等多种服务模式，这对于我国城乡客运服务模式具有借鉴意义。我国不同区域、不同城市等发展水平差异较大，乘客的需求也多种多样。在这种情况下，应当因地制宜，提供不同模式的城乡客运服务模式，以满足不同层次的出行需求，政府部门应当推进城乡客运管理改革，适当放松运营模式、车辆、线路、票价等方面的管制，给企业创新模式、灵活经营创造条件。

建立规范科学的运营补贴考核机制。韩国政府对公共交通票款收入不足部分进行补贴，并建立了由交通管理部门、公共交通协会、相关专家组成的审核机构对补贴情况进行审核，从而计算出政府对企业的补贴数额。同时，政府明确规定公共交通企业年基本利润率和考核利润率。考核利润是通过第三方考核机构按照考核标准，对企业运营服务质量进行考核，然后根据考核结果排名，对完成运营服务质量好的企业，在满足其获得基本利润后，给予一定考核奖励利润。由于城乡交通涉及公众的基本出行权利，公益性很强，财政补贴对于提供公益性服务起到关键的作用。因此，有必要对我国公共交通和农村客运进行运营补贴，并建立规范科学的考核机制，加大公众参与力度，引入第三机构、公众等参与城乡客运运营补贴考核。一方面保证公众的基本出行需求得到满足，另一方面，又保证财政资金的使用效率得到提高，有效发挥政府在促进城乡交通运输一体化中的作用。

第三章　我国城乡交通运输一体化发展现状

本章从我国城乡交通运输的发展历程、现状特征、实践经验等方面，剖析了我国城乡交通运输一体化发展的现状和存在的主要问题。

一、城乡交通运输一体化发展历程

（一）城乡客运发展历程

我国城乡客运发展可以划分为缓慢发展、快速发展、一体化起步和一体化快速发展四个阶段。

1. 缓慢发展阶段（1949—1982 年）

中华人民共和国成立初期，交通运输发展极为落后，经历了 20 世纪 50 年代初到 70 年代末的恢复性发展，城乡交通基础设施建设得到了一定程度的提高。城乡间客运主要是由县（市）城到达乡镇的运输，旅客运输量不大，班次较少，服务目标主要是能够走得了。在严格的计划经济体制下，建立客运运输企业、购置车辆或增加运力，都要经过各级计划部门立项批准，有相应的财政部门解决资金供给，客运市场基本是高度集权体制下的行政垄断或“行政命令”。客运管理体制实行城市之间和乡村道路运输由交通部门管理、大中城市公共交通由城建部门管理的城乡二元管理体制。

2. 快速发展阶段（1982—2003 年）

党的十一届三中全会后，全国经济步入持续、快速发展轨道，运输需求旺盛，旅客运输在20世纪80年代出现“全面紧张”的局面，“要想富、先修路”逐步为全社会所认识接受，随着国家经济实力增强，城乡公路建设速度逐步加快，公路技术等级逐步提高，为城乡客运发展奠定了一定基础。

1982年，国家经贸委和交通部为缓解交通紧张局面，联合发表声明，实行“有路大家跑车，有水大家行船”、“国营、集体、个体一起上”的开放政策，大批的集体、个体客运业户涌入城乡旅客运输市场，基本形成“国营、集体、个体”三分天下的格局，市场竞争在旅客运输行业资源配置的基础作用开始发挥，特别是随着社会主义市场经济体制不断建立完善，城乡客运市场发生了诸多变化，多种灵活机动的经营组织管理方式，顺应了经济快速增长下城市与乡村间运输需求，也促进了国有客运企业改变其呆板的经营组织管理方式。城乡旅客运输框架体系基本建立，到1990年“全面紧张”的局面得到“初步缓解”。

但是，从20世纪90年代中后期到21世纪初的几年，随着我国城市和乡村人民生活水平的不断改善，城镇化进程不断加速，城乡交往不断深入，人员往来不断增加，需求呈现多层次、多类型重叠交织并存状态。这种变化使城乡客运分割所产生的弊端逐步显现，主要表现为：城乡客运基础设施不能满足城乡客运一体化要求；二元管理体制制约一体化运输发展；财政、税费等政策不一，造成经营环境不公平等等。随着城市规模的不断扩大，城乡客运一体化的问题越来越严峻。

3. 一体化起步阶段(2003—2008年)

在党的十六大统筹城乡发展的思想指导下，城乡一体化和城乡客运发展被提到一个崭新的高度。党中央、国务院重视解决“农村、农业、农民”问题，交通部门加大了对农村公路、站场和运输服务的扶持力度，积极探索发展好农村客运的政策、措施和有效途径。在一系列政策引导下，城乡客运统筹发展得到了一定程度的促进，北京、上海、成都、嘉兴等城市率先开展城乡客运一体化的尝试，取得了较好的效果，使当地城乡居民享受到同等旅客运输服务，提高了服务水平。

4. 一体化快速发展阶段(2008年至今)

2008年的大部制改革后，交通运输部成立，将建设部城市旅客运输行业管理职责划入了交通运输部，从而使城乡旅客运输管理体制在中央政府的管理层面上形成统一，为全国理顺城乡管理体制奠定了基础。交通运输主管部门作为城乡客运市场行业管理主体的地位得以确立，加快推进城乡客运一体化进程，成为各级交通运输主管部门义不容辞的责任。2011年，交通运输部为深入贯彻落实国家关于统筹城乡协调发展和解决“三农”问题的战略部署，推进城乡客运公共服务均等化，就加快推进城乡道路客运一体化发展提出了一系列意见，发布了《关于加快推进城乡道路客运一体化发展的若干意见》（交运发〔2011〕490号），全国范围内的城乡客运一体化发展推进工作全面推开。

（二）城乡物流发展历程

我国物流的发展开始是以城市为中心，随着城市化进程的加快，城市物流发展迅猛，形成以大城市为中心向中小城市扩散的城市物流圈。目前，我国城乡物流的发展尚处于起步阶段，尤其是农村物流发展相对滞后，城乡物流发展的阶段性特征不明显。因此，下面主要分析现有的几种发展途径。

1. 大型物流企业主导

大型物流企业拥有良好的网络资源优势和雄厚的资金实力，因此，我国以大型物流企业为主导，利用其优越的网络资源、物流平台与技术资源以及其品牌资源等，在最大限度上促进农村物流网络体系的建设和物流服务水平的提升。尤其是国有大型物流企业，在该种发展模式下对农村物流发展的促进作用尤为明显，例如中国邮政。首先，它拥有遍布全国广大农村的实物传递网络和金融网络，其发展是借助国家高投入所奠定的重要的物质基础，极大地节省了农村物流市场的开拓成本。其次，邮政企业依托交通运输平台，整合邮政交通运输资源和金融储蓄信用功能，具有信息流、资金流和物流三流合一的物流平台。再次，其物流技术也日趋成熟，具有信息化程度高、电子商务网络和资金支付网络完善的技术支撑，有能力承担农村物流较高的技术要求。但是，由于农村物流意识薄弱、获取农产品供需市场信息的能力有限，该模式的有效运作，还需借助政府政策的倾斜及农村物流意识的提升。

2. 大型连锁商贸企业为主导

大型连锁商业企业拥有强大的销售网络、资金优势，以及对市场需求的准确把握。大型连锁商贸企业能够及时地把握市场需求信息，并把此信息反馈给农户，农户据此进行农产品的生产，可以有效降低生产的风险成本。但是，大型连锁商业企业自身物流运作的专业化程度较低，容易造成农村物流网络运作不畅、效率低下、农产品损耗严重、物流成本高的不良后果。因此，当前许多大型连锁商贸企业与专业化的第三方物流企业进行合作,来实现农村物流的发展。大型连锁商贸企业在农户聚居的地区建立销售中心,为周边的农户提供流通服务。联合第三方物流企业,为其进行物资在城市与农村之间的运转以及在农村物流网络中进行配送等物流活动。

3.政府主导

这种模式由政府牵头,规划建设农村物流网络体系,然后由物流企业、商贸企业等共同运作,实现城乡物资流动。以政府为主导进行发展,可以享有许多优惠政策,但是对物流需求的预测准确度可能不高;建设周期可能偏长,存在政府为追求政绩刻意扩大投资规模和建设规模的可能,不能保证对农村物流基础设施的合理建设和资源的合理配置,可能造成社会物流资源的浪费。

二、城乡交通运输一体化发展成就

(一)城乡交通基础建设快速推进

农村公路建设全面加快。各地把推进"四好农村路"建设作为全面建成小康社会、开展扶贫攻坚的重要抓手,全力加快农村公路转型发展。截至2016年底,全国农村公路里程达到398万km,较2010年底增长13.5%。乡镇通达率达到99.99%,通硬化路面率达98.62%;建制村通达率99.87%,通硬化路面率为94.45%,基本实现了所有乡镇通公路和具备条件的建制村通硬化路的目标。农村客运站场建设成效显著。投资力度之大、形成的规模之快、站场建设模式之多、经济社会效益之好前所未有。截至2016年底,全国农村客运站总数达26万个。其中,等级客运站建设占总数的5.8%。以县城为中心,以乡镇为结点,行政村为网点的遍布农村、连接城乡、纵横交错的农村公路网络逐步形成,极大改善了农民群众的出行条件。农村物流设施建设不断加快,一大批专业化、综合性物流园区,以及县级分拨中心、农村物流点等不断涌现,城乡物流专业化站场初现雏形。尤其是服务农副产品的具备电商、专业配送、冷链配送等功能的物流园得以快速发展,实现了与当地产业的有效对接。农村交通基础设施的大发展,让农民群众有了更多实实在在的获得感。

（二）城乡客运质量持续提升

城乡客运服务广度和深度有效提升。截至2016年底，农村客运线路9.7万条，覆盖了3.5万个乡镇、57.4万个建制村，年平均日发班次达到110.3万班次，乡镇和建制村通客车率分别达到99.01%和94.28%，初步形成了以县城为中心、乡镇为节点、行政村为网点，遍布农村、连接城乡、纵横交错的农村公路客运网络。各地不断完善优化农村客运服务网络，深入探索创新农村客运运营模式，加快推进农村客运发展，提升农村客运通达率和服务水平，定制公交、商务快巴、旅游专线、社区巴士等特色公共交通服务产品不断丰富，覆盖范围不断扩大，公众出行更加便捷。

（三）城乡物流体系建设加快推进

农村物流发展模式不断创新。县、乡、村三级物流网络服务体系基本形成并日趋成熟，农村物流组织效率优化提升。各地交通运输部门主动作为、探索创新，在整合站场资源、完善服务网络、优化运输组织、搭建信息平台等方面取得一系列开创性成果，形成了山东莱阳、陕西大荔、河南卫辉、湖北宜城等一批典型农村交通物流发展模式。农村邮政服务能力持续增强。截至2015年底，全国完成了8840个空白乡镇邮政局所补建，实现了"乡乡设所"，全国累计建设村通邮站21.8万个，建制村直接通邮比率达到94.2%，基本实现"村村通邮"。农村快递网点发展到近9.5万个，乡镇网点覆盖率提高到了70%以上。邮政快递设施网络初步形成，邮政网点密度明显提高。国家邮政局大力实施快递"向西向下"服务拓展工程，健全中西部、农村地区快递服务网络，多元化、多层次的物流运作主体共同参与的农村物流体系逐步建立。积极推进资源优势互补，建立了交通运输与邮政系统的合作发展机制，联手共筑物流分销平台，打造个性服务，交邮合作水平稳步提升。

（四）城乡交通发展模式不断创新

城乡客运发展方面，城乡客运一体化的发展逐步形成了三种典型的模式：一是全域公交一体发展模式、二是城乡客运协同发展模式、三是城乡客运服务全覆盖模式。

城乡物流发展方面，形成了县、乡、村三级物流网络服务体系；结合客车小件快运，推动"运邮结合"，打造了"三站合一"的农村物流乡镇站点；依托现有农村超市为平台，加快布设建制村物流站点，逐步形成了农村三级连锁配送网络。

(五)农村交通运输安全保障能力显著增强

交通运输部连续多年组织开展了生命防护工程和危桥改造工程,农村公路安全条件明显改善,安全事故稳中有降。持续组织开展公路安保工程和危桥改造工程,“十二五”期间,全国累计处置农村公路安全隐患路段26.4万km,实施公路安全生命防护工程2.8万km,改造危桥1.7万座、151万延米,国省道新增危桥处置率达到100%。高度重视农村客运安全保障工作,采取综合措施,全面加大安全防控力度,切实提高农村客运安全运营水平。督促各地严格落实《农村道路旅客运输班线通行条件审核规则》,推动各地进一步完善落实与农村公路等级、通行车型、载客限载、运行限速、通行时间等指标协同的农村客运线路审批规则和联合审核机制,从源头上把好农村客运安全关。研究修订农村客运车型标准,积极推广应用符合标准的农村客运经济适用车型,保障运营安全。积极推广应用农村客运车辆视频监控和卫星定位装置等设施设备,督促企业加强车辆运营动态监控,提高车辆安全技术水平。农村邮政安全监管不断加强。国家邮政局全面推进“收寄验视、实名收寄、过机安检”3项100%验视制度,堵塞安全漏洞,消除安全隐患,加强执法检查,确保寄递渠道安全畅通。

三、存在的问题

(一)城乡交通基础设施有待优化

一是农村公路通达深度不足,区域发展不平衡较为突出,西部地区总体发展水平较为滞后,西部地区硬化路通村率约80%,低于全国平均水平14个百分点;部分农村公路不能满足农村客运安全通行要求,技术等级低,安全设施不足;部分地区城市道路与公路,在管理、规划、建设、养护等方面都缺乏衔接。二是部分农村客运站选址不科学,使用效率不高,个别地区投入使用的乡镇客运站不足50%。三是农村物流站点覆盖率低、村级邮政寄递网络不完善等问题依然较为突出。

(二)城乡客运可持续发展能力有待提高

一是截至2016年底,全国还有3万多个建制村不通客车。农村客运经营管理模式滞后,集约化程度低,部分地区农村客运班线“开得通、留不住”问题突出。

二是城乡客运一体化推进力度还不够，公交与农村客运运营服务标准不统一、换乘不方便。三是城乡客运市场环境有待优化，由于缺乏有效的市场退出机制，且企业经营机制转变进展缓慢，部分运输公司内部仍以挂靠、承包、租赁等方式经营为主，绝大部分仍为“一车一主”家庭式经营，运输效率不高、效益低下和服务质量较差等问题仍然存在。

（三）城乡物流服务水平有待提高

一是干线货物运输与农村物流、邮政快递衔接不畅，物流成本依然较高。二是农村物流市场主体不匹配，农村市场大都处在流通渠道中的三、四级市场，物流中间环节多，卖难买难问题突出。三是农村物流公共服务平台缺失。尚未建立具备数据交换、信息发布、智能配送、库存管理、决策分析等功能的综合性服务平台。

（四）城乡交通运输安保工作有待改进

一是经营者安全意识淡薄，“重效益、轻安全”问题突出，少数运输企业经营管理不规范，安全生产主体责任落实不到位。二是运输市场秩序不规范，安全隐患还不同程度存在。部分地区道路客运市场运力过剩，争抢客源现象时有发生；私家车辆违法参与客运经营，但违法取证困难；部分地区城市公交和城乡客运线路重叠引发冲突。三是农村交通抗灾能力薄弱，应急体系不完善，应急处置能力不高。

（五）城乡交通运输稳定投入机制有待完善

城乡交通运输发展资金投入总量不足，资金投入渠道和投入力度有待进一步规范和提高，“一事一议”情况普遍，政策保障体系还不完善，不能满足城乡交通运输一体化可持续发展要求。

第四章　城乡交通运输一体化发展类型的划分与识别

本章针对我国发展条件各异的各类地区，进行了城乡交通运输一体化发展类型划分，并在分析我国典型地区经济社会发展水平以及全国城乡交通运输一体化发展水平现实情况的数据基础上，选择用于综合评价区域发展差异的数学模型，研究构建一套识别城乡交通运输一体化发展类型的方法，将基础条件类似的地区划分为同一类型，并分析各种类型地区的典型特征和属性，使得各地在推进过程中，能够充分把握本地的发展环境条件与基础发展水平，科学合理地制定发展方向，循序渐进推动城乡交通运输服务均等化。

一、发展类型划分

根据我国城乡发展现状，可将城乡交通运输一体化发展类型分为城乡一元型、城乡融合型和城乡二元型三类。

（一）城乡一元型

城乡一元型重点针对经济基础较好、城镇化程度相对较高、人口密度较大，客货运流强度较大、已基本实现交通基础设施网络全覆盖的区县，或全域发展水平高且发展均衡、人口集中、交通区位具有显著优势、经济发展速度迅猛的地区。

处于该类型的区县大部分区域都已城市化。城乡交通运输一体化的需求，在客运方面主要需求体现在对城市公交、公交化的城乡客运上；在货运方面主要需求体现在对区域产业发展、群众生产生活物资运输上。因此，这类型的区县，需要进一步完善全域公交一体化和城乡物流体系的软硬件设施和外部环境，以优化客货运资源配置、提升网络服务深度为重点。

（二）城乡融合型

城乡融合型重点针对经济基础较好、城镇化率相对较高、人口密度相对较大，已有一定交通基础设施网络基础的区县，或有较强影响力的中心城区、地域面积适中、人口相对集中、具有一定交通区位优势、经济发展潜力较大的区县。

该类型的区县，城市和农村协调快速发展，城乡之间相互影响较大，城乡居民沟通密切。城乡交通运输一体化主要需求，在客运上不仅体现在对城市公交、公交化的城乡客运上，还对城乡之间的客运连接方式有较高要求；在货运上主要体现在对建立城市和农村相互融合的物流服务体系的需求上。因此，这类型的区县，需要稳步推进运营方式转变，以提升衔接效率、推进农村客运公交化发展、推进城市农村物流融合发展、培育城乡客货流为重点，建议采取以城市公交、城市物流配送延伸、农村客运“公交化”运作等多种形式和谐共存为主，一般农村客运和农村物流专线为辅的城乡交通运营模式，重点做好农村和城市之间的衔接工作，满足城乡相互交流的需求。

（三）城乡二元型

城乡二元型重点针对经济基础较差、城镇化率较低、人口密度较小、道路基础设施发展较为滞后、客货运需求不稳定，或地域面积较大、人口分布分散、地形条件复杂、所处区位优势不明显、经济发展潜力较弱的区县。

该类型的区域，城市和农村发展相对分割，部分农村地区还较为落后，城乡交通运输需求较少。城乡交通运输主要需求体现在对城乡客货运的基本供给上，需要加快发展，以加大交通运输资源投入、强化线网覆盖、提升运输网络整体通达性为重点，建议采取以城乡运输全覆盖运作模式为主，区域化运营等农村地方特色经营为辅的城乡交通运输运营模式，重点提高农村交通运输服务对城乡居民的服务水平，做好城乡交通运输基本服务均等化，满足农村居民的客货运输需求。

二、发展类型识别方法研究

(一)类型识别总体思路

鉴于我国各地的实际发展情况、道路交通条件、地形地貌条件等存在诸多不同,为地区之间的差异提出有针对性的一体化发展模式,特构建一套用以识别一体化发展类型的指标体系。并基于我国多个区县的现实数据,选择用于综合评价区域发展差异的数据模型,采取 K-cluster 聚类分析法,对曲线的综合评价值进行合理聚类,将基础条件类似的区域归为一个类型,分析其类型表征。

具体的发展类型识别思路如图 4-1 所示。

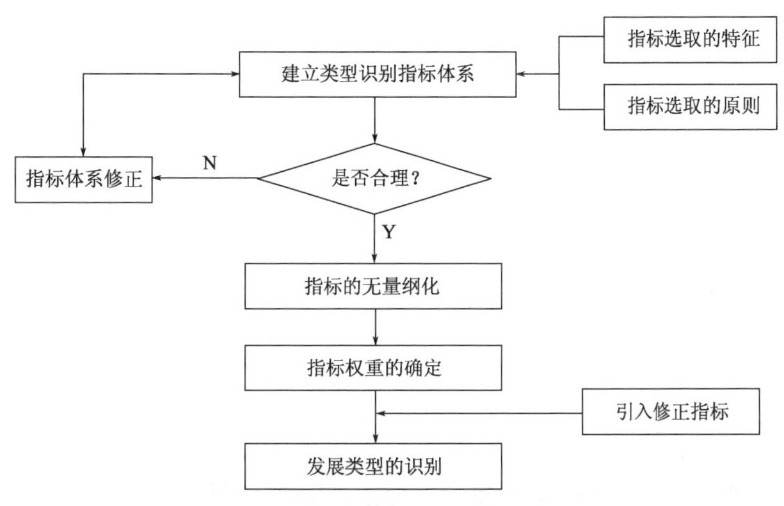

图 4-1　发展类型识别思路图

(二)类型识别指标体系构建

1. 构建类型识别指标体系的基本原则

1)系统性原则

要站在宏观层面,系统分析城乡交通与经济社会的相关关系,以研究城乡交通发展的外部及自身环境为对象,综合考虑不同地区的经济、社会、交通、地理条件及发展潜力等多方面因素,选取相应指标构建识别指标体系,力求通过所设计的指标体系,系统地反映不同区县的发展差异。

2)可比性原则

由于我国各地的发展差异较大、考虑的因素众多,同时为了便于各地制定发展方式对比相关指标,故在指标选取上,应尽可能选择常用的通用指标,便于数据的获取及比较;同时,也需考虑我国相应指标历史资料的可比性问题。

3)可操作性原则

为了保证类型识别指标体系的划分效果和科学性,指标体系的基础数据应易得、具有可操作性,且要保证研究的系统性和科学性,尽可能不遗漏主要影响因素。

4)定量和定性结合的原则

建立数量化的指标,得出明确简洁的量化结果是研究追求的目标,但指标体系中并非所有指标都可以用数量指标来衡量,或者计算困难。因此,要遵循以定量为主,定性为辅的原则。

2. 指标体系应具有的特征

1)强调区域发展统筹兼顾、城乡一体的要求

要实现城乡协调发展,首先必须打破城乡二元结构,统筹城乡发展,以实现城乡一体化发展为目标,通过推进城乡交通运输一体化,带动城市与农村生产要素的合理流动,以工业反哺农业、城市支持农村,促进城乡经济发展。故指标体系的建立不仅要考虑反映不同区县交通基础设施发展差异,更应考虑反映交通发展的经济、社会、发展战略等外部环境的差异,这是推动交通运输发展、实现城乡一体化的主要外部条件。

2)强调可持续发展的要求

随着可持续发展理念的日益深入及城镇化进程的不断加快,对城乡交通的发展提出了更高、更新的要求,城乡交通的发展必须适应地方自身发展的可持续性、协调发展性以及城乡居民的出行需求等要求,与区域经济社会的发展保持一致。

3)强调因地制宜、适度发展的要求

城乡交通发展除考虑与经济社会发展相协调外,还需与自身交通发展状况、地理条件等相适应,因地制宜,以适用为前提,借鉴国内外先进地区发展经验的同时,灵活设计发展模式,使其切合当地实际情况,更具有可操作性。故指标体系也应考虑这两方面的内容。

3. 类型识别指标的确定

随着国民经济的增长,区域经济差异逐渐扩大,应以适宜发展城乡交通运输一体化为前提,研究不同区域发展水平对支撑城乡交通运输一体化发展的差异性,并以此为依据进行发展类型的识别。从支撑城乡交通运输一体化发展的实际条件入手分析,会发现引起这类差异性的原因很多,经济发展状况是主要原因,此外还涉及社会发展、交通基础设施条件、运输运力水平、地理条件以及未来发展潜力等方面原因。为此,针对上述原因,确定指标如下:

1) 主体指标

以系统论和城乡交通与区域经济社会发展的相关关系为基础,将县级区域作为研究单元,站在宏观角度系统分析得出城乡交通运输一体化是建立在区域经济社会发展的基础上,经济社会的发展水平在很大程度上决定了区域推进城乡交通发展的快慢、难易,也决定了城乡居民享受出行服务的方式、质量和城乡物流的需求情况,故在选择主体指标时,首先选择与经济、社会等相关的指标,便于更快、更直观地反映不同区域的发展差异。其次,鉴于城乡交通的服务主体是城乡经济社会的发展,城乡居民的数量、生活水平、消费结构等与交通发展密切相关,那么人的因素也应考虑在内,特别是与经济、社会发展间的相关关系。最后,各县级区域目前交通发展水平方面的指标也应考虑。故在构建指标体系时,特别选择经济、社会、交通发展等方面的相关指标作为主体指标,反映各区域发展差异。具体指标如下:

(1) 区域经济发展水平。

区域经济发展水平是保障城乡交通得以可持续发展的基础,其地区生产总值的大小不但反映了地区经济实力的强弱,也决定了城乡居民选择的出行方式与服务质量和城乡货物流通的需求。为适时反映这方面的影响,借鉴国际经验,选用人均 GDP 指标。这不仅能体现某一地区的经济实力,更能体现地区间的经济差异,指标数据的获得也相对容易,具有一定的实际可操作意义。

(2) 区域社会发展水平。

城镇化率常用来反映人口向城市聚集的过程和聚集的程度,除了能表征一个地区经济社会发展情况外,也是衡量一个地区社会组织程度和管理水平的重要标志,同时也可作为城乡客、货流量变化的关键指标。因此,选择城镇化率为指标反映区域的社会发展水平。

(3)区域人口分布情况。

城乡交通基础设施建设布局,客、货运线路和站点的布设,与一个地区人口的分布情况有着密切的关系。人口密度常用来反映一个地区人口的分布情况,也可衡量一个地区城乡交通运输适用何种运营组织方式,以及开通农村客运线路、提供城乡物流服务的难易程度。因此,选择人口密度为指标反映区域的人口分布情况。

(4)道路交通发展水平。

道路交通的现状发展水平是推进城乡交通运输一体化发展的物质基础,行政村公路通畅率可以反映一个地区公路的建设规模,一定程度上也反映了路网的通达深度。因此,选择行政村公路通畅率为指标来反映道路交通发展水平,具有重要的现实意义。

2)修正指标

虽然城乡交通运输一体化是建立在区域经济社会发展基础上的,但是基础条件,诸如地理条件、发展潜力等方面若是不适应城乡交通发展,那么一体化发展也将不可持续。基于此,提出地形地貌指标和发展潜力指标作为主体指标的修正指标,用以校正不同县级区域的综合值,以保证对某地区发展类型识别的准确性。

(1)地形地貌指标。

地形地貌指标主要是针对各县级区域由于地理条件、交通区位的不同,对城乡交通发展的影响也将不同的特点,特别提出的一项修正指标。如交通区位差或以山地为主的区域,在发展优势上相比拥有交通区位优势的地区和平原地区较差。该指标属于定性指标,在得到区域类型识别的初次结果后,运用该指标再对所有区县进行重新核对,力求使得区域类型识别更为合理。

(2)发展潜力指标。

发展潜力指标是用来衡量各区县未来发展状况的一项综合性指标。该项属于定性指标,其指标值的确定是通过梳理国家(或区域)层面、省市级层面和地方层面的发展战略、规划等对各区县进行重新评估,判断未来发展的动力和速度,预测未来推进城乡交通运输一体化的优势和阻碍等。

4.类型识别的数学模型

借鉴关于区域发展差异性的研究结果,运用综合评价区域发展差距的数学模型作为本文区域类型识别的数学模型,再结合层次分析法、专家咨询法和 K-cluster

聚类分析法对各县级区域进行合理分类。该体系中着重应用三项数学模型用以确定指标权重系统。下面对类型识别时应用的数学模型进行说明：

1）确定主体指标和修正指标

主体指标包括人均 GDP A_1（万元/人）、城镇化率 A_2（%）、人口密度 A_3（人/km^2）和公路通畅率 A_4（%），修正指标包括地形地貌指标 B_1 和发展潜力指标 B_2。

2）主体指标无量纲化

$$a_i = \frac{A_i}{A_i'} \quad (i = 1,2,3,4)$$

式中：a_i——无量纲化的主体指标；

A_i——各主体指标；

A_i'——主体指标标准值，其中，$A_1' = 50000$ 元/人、$A_2' = 60\%$ 、$A_3' = 450$ 人/km^2、$A_4' = 90\%$ 。

3）确定主体指标的权重

（1）基于功能驱动原理的赋权法。

基于功能驱动原理的权重系数 $p_i(i = 1,2,3,4)$ 的计算公式为：

$$p_{i1} = \frac{A_{i1}}{\sum_{j=1}^{4} A_{ij}} \quad (j = 1,2,3,4)$$

$$p_1 = \frac{\sum_{i=1}^{m} p_{i1}}{m} \quad (i = 1,2,\cdots,m)$$

$$p_{i2} = \frac{A_{i2}}{\sum_{j=1}^{4} A_{ij}} \quad (j = 1,2,3,4)$$

$$p_2 = \frac{\sum_{i=1}^{m} p_{i2}}{m} \quad (i = 1,2,\cdots,m)$$

$$p_{i3} = \frac{A_{i3}}{\sum_{j=1}^{4} A_{ij}} \quad (j = 1,2,3,4)$$

$$p_3 = \frac{\sum_{i=1}^{m} p_{i3}}{m} \quad (i = 1,2,\cdots,m)$$

$$p_{i4} = \frac{A_{i4}}{\sum_{j=1}^{4} A_{ij}} \quad (j = 1,2,3,4)$$

$$p_4 = \frac{\sum_{i=1}^{m} p_{i4}}{m} \quad (i = 1,2,\cdots,m)$$

式中：p_{i1}——第 i 个县区人均 GDP 的功能驱动权重系数；

A_{i1}——第 i 个县区人均 GDP；

p_{i2}——第 i 个县区城镇化率的功能驱动权重系数；

A_{i2}——第 i 个县区的城镇化率；

p_{i3}——第 i 个县区人口密度的功能驱动权重系数；

A_{i3}——第 i 个县区的人口密度；

p_{i4}——第 i 个县区公路通畅率的功能驱动权重系数；

A_{i4}——第 i 个县区的公路通畅率；

m——参加评估的所有区县样本数量。

(2)基于差异驱动原理的赋权法。

基于差异驱动原理赋权法的权重系数 $q_i(i=1,2,3,4)$ 的计算公式为：

$$s_{ij}^2 = \sum_{j=1}^{4} \frac{(x_{ij} - \bar{x}_i)^2}{4}$$

$$\bar{x}_i = \sum_{j=1}^{4} x_{ij}/4 \quad (j = 1,2,3,4)$$

式中：s_{ij}——各指标均方差系数；

$\bar{x}_i$——第 i 个县区 4 个主体指标无量纲值的平均值；

s_{ij}^2——各指标方差；

x_{ij}——第 i 个县区的第 j 个主体指标无量纲值。

$$q_{i1} = \frac{s_{i1}}{\sum_{j=1}^{4} s_{ij}} \quad (j = 1,2,3,4)$$

$$q_1 = \frac{\sum_{i=1}^{m} q_{i1}}{m} \quad (i = 1,2,\cdots,m)$$

$$q_{i2} = \frac{s_{i2}}{\sum_{j=1}^{4} s_{ij}} \quad (j = 1,2,3,4)$$

$$q_2 = \frac{\sum_{i=1}^{m} q_{i2}}{m} \quad (i = 1,2,\cdots,m)$$

$$q_{i3} = \frac{s_{i3}}{\sum_{j=1}^{4} s_{ij}} \quad (j = 1,2,3,4)$$

$$q_3 = \frac{\sum_{i=1}^{m} q_{i1}}{m} \quad (i = 1,2,\cdots,m)$$

$$q_{i4} = \frac{s_{i4}}{\sum_{j=1}^{4} s_{ij}} \quad (j = 1,2,3,4)$$

$$q_4 = \frac{\sum_{i=1}^{m} q_{i4}}{m} \quad (i = 1,2,\cdots,m)$$

式中：m——参加评估的所有区县样本数量；

q_{i1}——第 i 个县区人均 GDP 的差异驱动权重系数；

s_{i1}——第 i 个县区的人均 GDP 均方差系数；

q_{i2}——第 i 个县区城镇化率的差异驱动权重系数；

s_{i2}——第 i 个县区的城镇化率均方差系数；

q_{i3}——第 i 个县区人口密度的差异驱动权重系数；

s_{i3}——第 i 个县区的人口密度均方差系数；

q_{i4}——第 i 个县区公路通畅率的差异驱动权重系数；

s_{i4}——第 i 个县区的公路通畅率均方差系数。

(3)集成赋权法。

集成赋权求取集成赋权系数 $\omega_i(i=1,2,3,4)$计算公式为：

$$\omega_i = \frac{p_i q_i}{\sum_{i=1}^{4} p_i q_i} \quad (i = 1,2,3,4)$$

4)建立模型公式

$$S_0 = \omega_i a_i + \mu_1 + \mu_2 \quad (i = 1,2,3,4)$$

式中：S_0——区域类型识别判断值；

μ_1、μ_2——修正系数，分别对应修正指标 B_1、B_2 的修正数值。区域内地形为较好、一般、较差时，μ_1 分别取值为 0.1、0、-0.1；区域内经济发展潜力较大、一般、较差，μ_2 分别取值为 0.1、0、-0.1。

5)发展类型判断标准

在得到区域城乡交通运输一体发展类型定量值之后，需要对全部县区发展类型进行归类。各县区可以从中判断适合自身发展的模式，也能够从中得到普遍的判断标准。本书通过搜集到的 2016 年全国 2856 个县(区)的人均 GDP、城镇化率、人口密度、行政村公路通畅率以及地形地貌、发展潜力等相关数据，分别计算区域发展类型判断值,然后采用 K-means 聚类分析模型,计算得到判断城乡交通运输一体化发展类型定量值标准,以判断区域发展类型,其中:

当 $S_0 > 1$ 时,该区域为城乡一元型。

当 $0.5 < S_0 \leqslant 1$ 时,该区域为城乡融合型。

当 $S_0 \leqslant 0.5$ 时,该区域为城乡二元型。

三、发展类型简易识别标准

除上述通过类型识别指标体系和模型计算得出某区域的城乡交通运输一体化发展类型外,本文在总结全国 2856 个县(区)相关数据的基础上,通过聚类分析,借鉴国内典型地区实际经验,以区县为单位,总结得到我国城乡交通运输一体化发展的三个不同类型的简易识别标准,用于在实际工作中简便快速地对某县(区)的发展类型进行识别。具体标准如下:

(一)城乡一元型的简易识别标准

人均 GDP 50000 元以上、城镇化率达到 60% 以上、人口密度达 450 人每平方公里以上、行政村公路通畅率达到 90% 以上,全域发展水平高且发展均衡、人口集中、交通区位具有显著优势、经济发展速度迅猛的地区,可基本判定为城乡一元型。

(二)城乡融合型的简易识别标准

人均 GDP 介于 20000 ~ 50000 元、城镇化率介于 40% ~ 60%、人口密度介于 100 ~ 450 人/km^2、行政村公路通畅率介于 60% ~ 90%,有较强影响力的中心城区、地域面积适中、人口相对集中、具有一定交通区位优势、经济发展潜力较大的区县,可基本判定为城乡融合型。

(三)城乡二元型的简易识别标准

人均 GDP 20000 元以下、城镇化率小于 40%、人口密度介于 100 人/km^2 以下、行政村公路通畅率介于 30% ~ 60%,客货运需求不稳定,或地域面积较大、人口分布分散、地形条件复杂、所处区位优势不明显、经济发展潜力较弱的区县,可基本判定为城乡二元型。

第五章　城乡交通运输一体化发展水平评价

本章系统构建城乡交通运输一体化发展水平评价的指标体系，评价指标体系由设施建设、服务质量与运营管理三个方面的 20 个评价指标组成，可用于全方面评价某一县(区)城乡交通运输一体化发展水平，发现存在问题的具体方面，指导未来发展的方向。

一、城乡交通运输一体化发展指标筛选

城乡交通运输一体化发展评价指标体系以定量分析为主、定性分析为辅，定量与定性分析相互校正，在此基础上，分别从设施建设、服务质量和运营管理三个方面构建完整的城乡交通运输一体化发展水平评价指标体系。

(一)设施建设评价指标体系

设施建设指标体系，可用来评价某区县现有硬件条件情况，分析该区县对于城乡交通运输一体化的实现能力。

城乡交通运输一体化的道路网络、场站枢纽、服务线网是反映城乡交通运输一体化设施建设的主要因素，可从这三个方面来评价该区县对于城乡交通运输一体化的实现能力。分别由如下具体指标进行城乡交通运输一体化设施建设评价，如表 5-1 所示。

城乡交通运输一体化设施建设评价指标体系 表 5-1

一 级 指 标	二 级 指 标	三 级 指 标
设施建设评价	道路网络一体化	建制村公路通畅率
	场站枢纽一体化	城乡客运场站覆盖率
		县乡村三级物流配送站点覆盖率
		基础设施筹建一体化水平
	服务线网一体化	线网承载能力匹配度

(二)服务质量评价指标体系

城乡交通运输一体化服务质量评价指标体系,是从用户的观点进行评价的,可评价某区县城乡交通运输服务体系的实际服务效果和用户满意程度。

城乡交通运输一体化服务质量评价应考虑不同区县的交通运输服务水平、可能产生的影响、满足区域预定发展目标和任务的程度等多个方面。从评价的内容来看,城乡交通运输一体化服务质量评价主要包括安全、便利、快捷、舒适、经济五个方面。指标设置如表 5-2 所示。

城乡交通运输一体化服务质量评价指标体系 表 5-2

一 级 指 标	二 级 指 标	三 级 指 标
服务质量评价	安全服务	交通责任事故万车死亡率
		车辆安全设施完备率
	便利服务	场站枢纽换乘衔接便捷率
		相邻镇村直达率
		城乡货运物流服务覆盖率
		信息服务一体化水平
	快捷服务	高峰时段平均发车间隔
		平均运营速度
	舒适服务	车辆万人拥有率
		高峰时段满载率
	经济服务	服务价格可接受度

(三)运营管理评价指标体系

城乡交通运输一体化运营管理评价指标,主要是评价某区县交通运输管理部门的管理能力和运输企业的经营情况。指标设置如表5-3所示。

城乡交通运输一体化运营状况评价指标体系 表5-3

一级指标	二级指标	三级指标
运营管理评价	运营模式一体化	城乡客运车辆公交化比率
		跨业融合发展情况
	市场建设一体化	企业经营模式一体化程度
	发展政策一体化	发展政策一体化水平

二、城乡交通运输一体化发展指标设定

(一)设施建设评价指标

1. 道路网络一体化程度

建制村公路通畅率 $A1$。

(1)评价内容:

评价某区县建制村公路的通畅情况。建制村公路通畅率是建制村通达城乡道路客运的基本条件,可反映城乡道路客运一体化的基本实现能力。

(2)计算方法:

行政区域内已通畅建制村数量占行政区内建制村总数的比例。

$$建制村公路通畅率 = \frac{已通畅建制村数量}{建制村总数} \times 100\%$$

2. 场站枢纽一体化程度

1)城乡客运场站覆盖率 $A2$

(1)评价内容:

通达率是衡量城乡客运覆盖情况的重要指标,提高通达率是城乡客运规划的重要目标之一,其影响因素与站点服务人口率相似,与公路通达情况、城乡客运的延伸程度与发展规模、站点个数多少等因素有关。站点服务人口率是从覆盖服务对象方面评价,而通达率是从覆盖地区方面评价。

其中,在有行政村的地区,行政村委会所在地在通达城乡客运班线的站点2km覆盖范围内,即为通达。在城市规划区内,则按各类客运站点500m半径覆盖

率计算。

(2)计算方法:

统计期内,城乡客运班线站点2km半径覆盖范围内的行政村数量占行政村总数的比例。

$$城乡客运通达率=\frac{2km半径覆盖范围内行政村个数}{行政村总数}\times 100\%$$

统计期内,各类客运站点500m半径覆盖率占全域面积的比例。

$$城乡客运通达率=\frac{各类客运站点500m半径覆盖面积}{全域面积}\times 100\%$$

2)县乡村三级物流配送站点覆盖率$A3$

(1)评价内容:

物流配送站点覆盖率是衡量城乡货运物流站点覆盖情况的重要指标,其中,在有行政村的地区,设有物流配送点,即为覆盖。

(2)计算方法:

统计期内,物流配送站点2km半径覆盖范围内的行政村数量占行政村总数的比例。

$$物流配送站点覆盖率=\frac{2km半径覆盖范围内行政村个数}{行政村总数}\times 100\%$$

3)基础设施筹建一体化水平$A4$

评价内容:

评价城乡交通基础设施筹建主体,在进行基础设施规划建设中,实现客、货运场站与道路建设之间的一体化程度,以及与邮政、物流、商贸、旅游等行业资源整合的实现情况。

3. 客运线网一体化程度

线网承载能力匹配度$A5$。

(1)评价内容:

反映线网单位线路长度实际客流需求与承担客流量的能力的匹配程度,说明线路承载能力的合理性,也可用于评价线网的运营效率和经济性。

(2)计算方法:

$$线网承载能力匹配度=\frac{线路长度\times 设计能力}{日均客运需求}$$

(二)服务质量评价指标

1. 安全服务

1)交通责任事故万车死亡率 $B1$

(1)评价内容:

评价期内,行政区内城乡交通运输营运车辆发生的交通责任事故(负同等及以上责任的交通事故)死亡人数,与辖区内城乡交通运输营运车辆数之比(单位:人/万车)。

(2)计算方法:

$$交通责任事故万车死亡率=\frac{城乡交通运输营运车辆交通责任事故死亡人数}{城乡交通运营车辆数/10000}$$

2)车辆安全设施完备率 $B2$

(1)评价内容:

车辆安全设施完备率反映了城乡交通运营车辆的安全程度,评价城乡客、货运所配车型是否属于安全车型,并装备 GPS、救援设备(破窗锤、灭火器)等安全防护设施设备。

(2)计算方法:

$$车辆安全设施完备率=\frac{配备安全设施的车辆数总数}{投入运营的城乡交通运营车辆数}\times 100\%$$

2. 便利服务

1)场站枢纽换乘衔接便捷率 $B3$

(1)评价内容:

统计期内,农村班线、城乡客运、城市公交、班线客运的站点之间能便捷换乘的比例。这个指标用于衡量一个地区城乡客运直达程度与线路布设的合理性,反映了乘车方便程度,是乘客乘坐城乡客运和线网结构换乘特性的综合反映。

(2)计算方法:

$$场站枢纽换乘衔接便捷率=\frac{能便捷换乘的站点数量}{总站点数量}\times 100\%$$

2)相邻镇村直达率 $B4$

(1)评价内容:

评价相邻镇村有直达城乡客运线路的比例。这里,相邻镇村定义为距离上相近又有一定客流联系需求的两个镇村，此指标在一定程度上反映了城乡客运网络化程度。

(2)计算方法：

$$相邻镇村直达率 = \frac{相邻镇村中有城乡客运线路直达的总对数}{相邻镇村的总对数} \times 100\%$$

3)城乡货运物流服务覆盖率 $B5$

(1)评价内容：

统计期内，区域内行政村城乡货运物流、邮政服务能覆盖的比例。此指标评价该区县的城乡货运物流、邮政等服务的覆盖情况。

(2)计算方法：

$$城乡货运物流服务覆盖率 = \frac{覆盖城乡货运服务的行政村数量}{行政村总数} \times 100\%$$

4)信息服务一体化水平 $B6$

评价内容：

提供及时准确的信息服务，是体现城乡交通运输服务便利性的评价指标之一。主要评价城乡交通运输体系能否有可靠的平台，为城乡居民提供及时准确的客运线路、客票信息、货运服务信息等。主要内容包括：

①城乡客运信息通过互联网对外动态发布情况。

②城区内三级以上等级道路客运站公布可换乘的城市公交线路信息情况。

③行政区实现道路客运联网售票或网络售票情况。

④本地出发和达到的各地的货源和车源信息收集发布情况。

⑤零担货物托运商委托信息平台运行情况。

⑥交通运输服务监督电话的开通和运转情况。

3. 快捷服务

1)高峰时段平均发车间隔 $B7$

评价内容：

由于城乡客流在时间上存在很大的不均匀性，出行高峰往往在一年的一些时间段(农忙时间、节假日、赶集时间等)和一天的某些时段(如7:00—9:00是进城高峰、通勤时间)，应实施车辆整体动态调度，增加在出行高峰时期的配车数。因此，本指标用以评价县区内城乡客运高峰时段平均发车时间间隔。

2)平均运营速度 $B8$

（1）评价内容：

平均运营速度是一定的路网交通量下道路状况和车辆行驶状况的综合反映，该指标反映道路上城乡车辆的实际运行情况，是道路系统、车辆系统和场站体系综合作用的结果，它综合反映了运输线网的系统性能与交通质量。平均运营车速应由线路等级决定，线路等级越高，重要性越大，平均运营速度也相应越高。

（2）计算方法：

$$\text{平均运营速度}=\frac{1}{n}\sum_{i=1}^{n}\frac{\text{线路程度}}{\text{车辆行驶时间}+\text{站点停靠时间}+\text{末站调度回车时间}}\quad(\text{km/h})$$

式中：n——线路条数。

4. 舒适服务

1）车辆万人拥有率 $B9$

（1）评价内容：

车辆万人拥有率，指城乡客、货运车辆标台与区域内人口数之比，用以表示城乡交通运输服务地区人口和城乡交通运输车辆对社会需求的供给程度，是反映城乡交通运输实际服务能力的一个重要指标，衡量一个地区城乡交通运输的发展规模，是对城乡交通运输车辆配置的评价。

（2）计算方法：

$$\text{车辆万人拥有率}=\frac{\text{城乡交通运营车辆标台数}}{\text{区域内总人口}}\quad(\text{标台/万人})$$

2）高峰时段满载率 $B10$

（1）评价内容：

随着生活水平的提高，人们对客运出行的要求也在提高，这就要求车厢内的拥挤不能超过一定限度。针对城乡客流在时间上存在不均匀性，舒适性主要通过高峰时段满载率体现。

（2）计算方法：

$$\text{高峰时段满载率}=\frac{\text{城乡道路客运车辆高峰时段实载总人数}}{\text{城乡道路客运车辆总核载数}}\times 100\%$$

5. 经济服务

服务价格可接受度 $B11$。

评价内容：

经济性指标反映了城乡交通运输体系中使用者的经济效益。其中,运输服务价格可接受度主要用于反映使用者对城乡交通运输服务的价格是否接受。在价格方面,体现了城乡交通运输服务对客流、货流的吸引程度。

此指标为定性指标,因此可根据当地人均收入与服务价格的比例等因素来综合评价服务价格的合理性。主要评价内容如下:

①城乡客运票制、票价情况。

②城乡货运物流的定价机制、运价情况。

③五类人群免费或优惠乘车的政策扶持情况等。

(三)运营管理评价指标

1. 运营模式一体化程度

1)城乡客运车辆公交化比率 $C1$

(1)评价内容:

行政区内城市公交车辆和公交化运营的城乡客运车辆数之和,占行政区内所有城乡客运车辆数的比例(单位:%)。

其中,城乡客运车辆包括城市公交车辆、城乡客运车辆、班车客运车辆和农村客运车辆(下同);公交化运营的城乡道路客运车辆是满足以下条件的客运车辆:票价标准低于普通农村客运班线的15%以上;有确定的首末班发车时间,线路日均发班次不低于6班;停靠途经建制村,在沿途停靠站点设置站牌并公布班次信息;全部农村客运车辆或在该条农村客运班线内统一服务标准、车型配置、外观标志和车内配套设施。

(2)计算方法:

$$城乡客运车辆公交化比率=\frac{城市公交车辆数+公交化运营的城乡客运车辆数}{城乡客运车辆数}$$

2)跨业融合发展情况 $C2$

评价内容:

实现跨行业融合发展,需要建立跨部门共建共管、跨行业联营合作发展的机制,通过充分发挥交通物流、商务、供销、邮政等各部门的管理和资源优势,以及邮政、快递等企业的主体作用,通过资源整合共享和优化配置,最大限度上实现交通运输与电商、快递融合,与商务、供销融合,与客运企业的融合。

主要评价内容包括：

①跨业融合发展的部门协调机制建立情况。

②城乡交通综合服务站点的建设情况。

③城乡客运班线小件快运运营情况等。

2. 市场建设一体化程度

企业经营模式一体化程度 $C3$。

评价内容：

经营模式的选取，有必要根据市场规律，让需求决定供给模式，在考虑可持续性的基础上，保证服务水平。各个区域应该有其主导的经营模式，顺应未来运输企业规模化、集约化的发展趋势，同时应当结合实际情况，有差别地选择和进行各种经营方式的组合比选。

主要评价内容包括：

①城乡客运线路采用的运营模式情况。

②需求响应等新模式的运营情况。

③多业态联合运营情况等。

3. 发展政策一体化程度

发展政策一体化水平 $C4$。

评价内容：

城乡交通运输一体化的顺利实施，依赖于完备的发展政策。行之有效的发展政策给城乡交通运输一体化的正常运营提供了强有力的保障，因此，城乡交通运输发展政策的一体化发展水平，直接影响了城乡交通运输一体化的正常运营，在评价体系中是一个不可或缺的评价指标。

根据区域针对城乡交通运输一体化所有的政策法规及其适用程度，综合评价该区域城乡交通运输发展政策的完备程度。

主要评价内容包括：

①市县级行政区域建立综合交通管理体制和城乡交通运输一体化推进机制的情况。

②城乡交通运输一体化发展规划及场站专项规划编制情况。

③市县级人民政府出台支持城乡交通运输一体化发展的政策情况。

三、城乡交通运输一体化评价指标评分标准

各地城乡交通运输一体化发展类型不同，在推进城乡交通运输一体化发展时的发展重点也不尽相同，因此，对处于不同发展类型的地区进行城乡交通运输一体化发展水平评价时应采用不同的评分标准。针对三种类型地区的典型特征与发展要求，分别制定评价标准，明确各指标的评分方法和评分标准，用以准确细致地判断各地实际的发展水平和亟待提高的方向。

（一）"城乡一元型"评分标准

1. 设施建设评分标准

1）道路网络一体化程度

建制村公路通畅率 A1。

道路通畅的标准为：

①城市规划区内的道路按城市道路标准建设，城市拓展区的道路按城乡公交开行要求进行改造。

②非城市规划区内的道路按城市道路的功能和要求改造，包括设站、加路肩、人行道等，在新改建时同步配备以城乡公交为发展导向的城乡道路客运设施。

③公路与城市道路在建设衔接上标准统一，两套交通运输体系进行整合，建立一体化的功能道路运输体系。

该指标满分为100分，A1 数值达100%时得满分，每降低1%（不足1%时四舍五入，下同）扣2分，扣完为止。

2）场站枢纽一体化程度

（1）城乡客运场站覆盖率 A2。

以各类客运站点500m 半径覆盖率计算。评分标准如表5-4所示。

城乡客运场站覆盖率指标评分标准　　表5-4

得分	100 ~ 90	90 ~ 80	80 ~ 70	70 ~ 60	60 ~ 0
通达率（%）	≥90	≥80	≥70	≥60	<60

（2）县乡村三级物流配送站点覆盖率 A3。

以各类物流站点500m 半径覆盖率计算。评分标准如表5-5所示。

县乡村三级物流配送站点覆盖率指标评分标准　　表5-5

得分	100~90	90~80	80~70	70~60	60~0
覆盖率(%)	≥90	≥80	≥70	≥60	<60

(3)基础设施筹建一体化水平A4。

该项满分为100分，每一个新建、改扩建城市道路或公路项目与客运站点(包括简易站、招呼站、候车亭等)没有同步设计、同步建设、同步交付使用的扣5分，每一个未规划建设跨行业资源整合情况的扣5分，扣完为止。行政区全面满足要求时得满分。

3)客运线网一体化程度

线网承载能力匹配度A5。

评分标准如表5-6所示。

线网承载能力匹配度指标评分标准　　表5-6

得分	100~90	90~80	80~70	70~60	60~0
线网承载能力匹配度	≥1.2	≥1.1	≥1.0	≥0.8	<0.8

2.服务质量评分标准

1)安全服务

(1)交通责任事故万车死亡率B1。

该指标满分为100分，数值为0时得满分，每增加1人/万车扣1分，扣完为止。

(2)车辆安全设施完备率B2。

城乡交通运输所配车型属于安全车型，并都装备GPS、救援设备(破窗锤、灭火器)等安全防护设施设备。评分标准如表5-7所示。

车辆安全设施完备率指标评分标准　　表5-7

得分	100~90	90~80	80~70	70~60	60~0
车辆安全设施完备率(%)	≥95	≥90	≥85	≥80	<80

2)便利服务

(1)场站枢纽换乘衔接便捷率B3。

城乡一体化类型的地区，主要考虑的是区县中各类客运站与城乡公交两者之间的换乘距离小于500m或者换乘时间小于5min的站点的比例。评分标准如表5-8所示。

场站枢纽换乘衔接便捷率指标评分标准　表 5-8

得分	100 ~ 90	90 ~ 80	80 ~ 70	70 ~ 60	60 ~ 0
场站枢纽换乘衔接便捷率（%）	≥90	≥80	≥70	≥60	<60

（2）相邻镇村直达率 *B*4。

城乡一体化类型的地区，由于客运出行需求较大，相邻镇村、社区之间线路直达率应处于较高水平，否则会造成相近镇村、社区乘客近距离出行不便。评分标准如表 5-9 所示。

相邻镇村直达率指标评分标准　表 5-9

得分	100 ~ 90	90 ~ 80	80 ~ 70	70 ~ 60	60 ~ 0
相邻城镇直达率（%）	≥90	≥80	≥70	≥60	<60

（3）城乡货运物流服务覆盖率 *B*5。

城乡一体化类型的地区，由于货运物流需求较大、要求服务品质较高，城乡货运物流服务应处于较高水平，否则不能满足较高水平的经济社会发展。评分标准如表 5-10 所示。

城乡货运物流服务覆盖率指标评分标准　表 5-10

得分	100 ~ 90	90 ~ 80	80 ~ 70	70 ~ 60	60 ~ 0
城乡货运物流服务覆盖率（%）	≥90	≥80	≥70	≥60	<60

（4）信息服务一体化水平 *B*6。

本指标包括六项内容：

①城乡客运信息通过互联网、手机等对外动态发布情况，该项满分为 20 分。

②城区内三级以上等级道路客运站公布可换乘的城市公交线路信息情况，该项满分为 15 分，没有三级以上等级道路客运站的为 0 分。

③行政区实现道路客运联网售票或网络售票情况，该项满分为 15 分。

④本地出发和达到的各地的货源和车源信息，该项满分为 20 分。

⑤零担货物托运商委托信息平台，该项满分为 15 分。

⑥开通统一的交通运输服务监督电话，并保持良好运转，该项满分为 15 分。

六项内容，满足一项，得相应的分数，满分 100 分，行政区全面满足要求时得满分。

3)快捷服务

(1)高峰时段平均发车间隔 $B7$。

城乡一体化类型的地区,多数为公交线路或公交化改造的城乡客运线路,一般对于客流量强度大的线路高峰发车间隔可为 3 ~ 5min。评分标准如表 5-11 所示。

高峰时段平均发车间隔指标评分标准 表 5-11

得分	100 ~ 90	90 ~ 80	80 ~ 70	70 ~ 60	60 ~ 0
高峰时段平均发车间隔(min)	<3	<5	<8	<10	≥10

(2)平均运营速度 $B8$。

城乡一体化类型的地区,一般为经济较为发达、交通量较大地区,部分道路容易发生拥堵现象。因此,城乡客运干线运营速度能保持在 30 ~ 35km/h,则主要能实现城镇间快速联系功能;考虑到城市交通情况复杂,城市区域内公交线路重要是提高覆盖率,运营速度可降至 20 ~ 30km/h。城乡客运运营速度受到行驶道路等级、道路交通量、停靠站点数量等多种因素影响,一定的车速也反映了道路公交优先实施程度。平均运营速度指标评分标准如表 5-12 所示。

平均运营速度指标评分标准 表 5-12

得分	100 ~ 90	90 ~ 80	80 ~ 70	70 ~ 60	60 ~ 0
平均运营速度(km/h)	≥35	≥30	≥25	≥20	<20

4)舒适服务

(1)车辆万人拥有率 $B9$。

城乡一体化类型的地区,主要采用的是公交车型。评分标准如表 5-13 所示。

车辆万人拥有率指标评分标准 表 5-13

得分	100 ~ 90	90 ~ 80	80 ~ 70	70 ~ 60	60 ~ 0
车辆万人拥有率(标台/万人)	≥10.0	≥8.0	≥7.0	≥5.4	<4

(2)高峰时段满载率 $B10$。

城乡一体化类型的地区,人们对公交出行需求较多,针对此类地区的特点,高峰时段满载率要求可稍微放低,一般不应高于 150%。评分标准如表 5-14 所示。

高峰时段满载率指标评分标准 表5-14

得分	100～90	90～80	80～70	70～60	60～0
高峰时段满载率(%)	<80	<100	<120	<150	≥150

5)经济服务

服务价格可接受度 $B11$。

本指标包括三项内容:

①全域城乡公交享有较低票价情况,该项满分为40分。

②城乡货运物流的定价机制、运价使用者接受度情况,该项满分为40分。

③五类人群享有免费或优惠乘车的政策扶持情况,该项满分为20分。

三项内容,满足一项,得相应的分数,满分100分,行政区全面满足要求时得满分。

3. 运营管理评分标准

1)运营模式

(1)城乡客运车辆公交化比率 $C1$。

该指标满分为100分,数值达100%时得满分,每降低1%扣2分,扣完为止。行政区内全域都开通了城市公交的,该项指标默认满分。

(2)跨业融合发展情况 $C2$。

本指标包括三项内容:

①建立顺畅的跨业融合发展的部门协调机制情况,该项满分为40分。

②规划布设城乡交通综合服务站点情况,该项满分为30分。

③城乡客运班线捎带小件快运运营情况,该项满分为30分。

三项内容各自评价,得相应的分数,满分100分。

2)市场建设

企业经营模式一体化程度 $C3$。

本指标包括三项内容:

①城乡客运线路采用公车公营模式情况,该项满分为30分。

②针对适应采用需求响应等新模式的地区,相应新模式运营情况,该项满分为30分。

③多业态联合运营情况,该项满分为40分。

本评分指标满分100分,根据上述标准,可以定性的评价某区域企业经营模式一体化程度,并给予打分,行政区全面满足要求时得满分。

3)发展政策

发展政策一体化水平 C4。

本指标包括三项内容:

①市县级行政区域建立"一城一交"的综合交通管理体制和城乡交通运输一体化多部门联合推进机制情况,该项满分为30分。

②市县级人民政府编制的市县级行政区城乡交通运输一体化发展规划及场站专项规划,主要指标纳入城乡规划统筹实施情况,该项满分为30分。

③市县级人民政府出台的支持城乡交通运输一体化发展的政策,包括交通基础设施用地安排,道路通行管理,以及场站建设、车辆购置、票价优惠、政策性亏损的财政补贴等方面情况,该项满分为40分。

三项内容,满足一项,得相应的分数,满分100分,行政区全面满足要求时得满分。

(二)"城乡融合型"评分标准

1.设施建设评分标准

1)道路网络一体化程度

建制村公路通畅率 A1。

城乡融合型的地区,道路通畅的标准为:通达建制村路面类型为有铺装路面(沥青混凝土、水泥混凝土路面)、简易铺装路面(沥青贯入式、沥青碎石、沥青表面处治路面)和其他硬化路面[石质路面(含弹石、条石等)、混凝土预制块路面、砖铺路面等]。

该指标满分为100分,A1数值达100%时得满分,每降低1%(不足1%时四舍五入,下同)扣2分,扣完为止。行政区内没有建制村的,该项指标默认满分。

2)场站枢纽一体化程度

(1)城乡客运通达率 A2。

城乡融合型的地区,城市公交、城乡客运、农村班线并存,因此,评价发展此模式的区县,在城市规划区内,则按各类客运站点500m半径覆盖率计算;在城市规划区外,按照行政村委会所在地在通达城乡道路客运班线的站点2km覆盖范围内,即为通达来计算,并以面积计算权重,最终得出整个区域的通达率。评分标准如表 5-15 所示。

城乡客运场站覆盖率指标评分标准　　表 5-15

得分	100 ~ 90	90 ~ 80	80 ~ 70	70 ~ 60	60 ~ 0
通达率(%)	≥90	≥80	≥70	≥60	<60

(2)县乡村三级物流配送站点覆盖率 $A3$。

以各类物流站点 1000m 半径覆盖率计算。评分标准如表 5-16 所示。

县乡村三级物流配送站点覆盖率指标评分标准　　表 5-16

得分	100 ~ 90	90 ~ 80	80 ~ 70	70 ~ 60	60 ~ 0
覆盖率(%)	≥90	≥80	≥70	≥60	<60

(3)基础设施筹建一体化水平 $A4$。

该项满分为 100 分,每一个新建、改扩建城市道路或公路项目与客运站点(包括简易站、招呼站、候车亭等)没有同步设计、同步建设、同步交付使用扣 5 分,每一个未规划建设跨行业资源整合情况的扣 5 分,扣完为止。行政区全面满足要求时得满分。

3)客运线网一体化程度

线网承载能力匹配度 $A5$。

评分标准如表 5-17 所示。

线网承载能力匹配度指标评分标准　　表 5-17

得分	100 ~ 90	90 ~ 80	80 ~ 70	70 ~ 60	60 ~ 0
线网承载能力匹配度	≥1.2	≥1.1	≥1.0	≥0.8	<0.8

2. 服务质量评分标准

1)安全服务

(1)交通责任事故万车死亡率 $B1$。

该指标满分为 100 分,数值为 0 时得满分,每增加 1 人/万车扣 1 分,扣完为止。

(2)车辆安全设施完备率 $B2$。

城乡交通运输所配车型属于安全车型,并都装备 GPS、救援设备(破窗锤、灭火器)等安全防护设施设备。评分标准如表 5-18 所示。

车辆安全设施完备率指标评分标准　　表5-18

得分	100~90	90~80	80~70	70~60	60~0
车辆安全设施完备率(%)	≥90	≥85	≥80	≥75	<75

2)便利服务

(1)场站枢纽换乘衔接便捷率 *B*3。

城乡融合型的地区,各种客运方式并存,因此,平均换乘系数一般不宜低于80%,否则会造成出行时耗和费用增大,降低城乡道路客运的吸引力。其中,能便捷换乘的站点是指各类城乡客运站与农村班线、城乡客运、城市公交之间的换乘距离小于500m或者换乘时间小于5min的站点。评分标准如表5-19所示。

场站枢纽换乘衔接便捷率指标评分标准　　表5-19

得分	100~90	90~80	80~70	70~60	60~0
场站枢纽换乘衔接便捷率(%)	≥90	≥80	≥70	≥60	<60

(2)相邻镇村直达率 *B*4。

城乡融合型的地区,经济发展水平一般,镇村的主要出行需求都集中在镇村与中心城市之间,相邻镇村、社区之间出行需求一般,因此,线路直达率还处于一般水平。评分标准如表5-20所示。

相邻镇村直达率指标评分标准　　表5-20

得分	100~90	90~80	80~70	70~60	60~0
相邻城镇直达率(%)	≥80	≥70	≥60	≥50	<50

(3)城乡货运物流服务覆盖率 *B*5。

城乡融合型的地区,由于货运物流需求一般,主要集中于城市快消品下乡和农产品商城的双向流通上,城乡货运物流服务应处于较高水平,以满足城乡物资交流的需求。评分标准如表5-21所示。

城乡货运物流服务覆盖率指标评分标准　　表5-21

得分	100~90	90~80	80~70	70~60	60~0
城乡货运物流服务提供情况(%)	≥80	≥70	≥60	≥50	<50

(4)信息服务一体化水平 *B*6。

本指标包括六项内容:

①城乡客运信息通过互联网、手机等对外动态发布情况，该项满分为 20 分。

②城区内三级以上等级道路客运站公布可换乘的城市公交线路信息情况，该项满分为 15 分，没有三级以上等级道路客运站的为 0 分。

③行政区实现道路客运联网售票或网络售票情况，该项满分为 15 分。

④本地出发和达到的各地的货源和车源信息，该项满分为 20 分。

⑤零担货物托运商委托信息平台情况，该项满分为 15 分。

⑥统一的交通运输服务监督电话的开通及保持良好运转情况，该项满分为 15 分。

六项内容，满足一项，得相应的分数，满分 100 分，行政区全面满足要求时得满分。

3）快捷服务

（1）高峰时段平均发车间隔 *B*7。

城乡融合型的地区，各种客运方式并存，各类型的线路高峰时段平均发车间隔可以根据线路等级、长度、高峰时段客流量等因素而有所差异，农村客运班线的客流量较小，发车间隔较城市公交来说较大，因此，此模式对于客流量强度大的线路高峰发车间隔可为 5～10min。评分标准如表 5-22 所示。

高峰时段平均发车间隔指标评分标准　　表 5-22

得分	100～90	90～80	80～70	70～60	60～0
高峰时段平均发车间隔（min）	<6	<8	<10	<15	≥15

（2）平均运营速度 *B*8。

城乡融合型的地区，城乡客运运营速度受到行驶道路等级、道路交通量、停靠站点数量等多种因素影响。城乡客运干线运营速度在 30～40km/h，主要实现城镇间快速联系功能，城乡客运支线主要是提高覆盖率，运营速度可降至 20～30km/h。评分标准如表 5-23 所示。

平均运营速度指标评分标准　　表 5-23

得分	100～90	90～80	80～70	70～60	60～0
平均运营速度（km/h）	≥40	≥35	≥30	≥20	<20

4）舒适服务

（1）车辆万人拥有率 *B*9。

城乡融合型的地区，城市公交车辆和城乡客运班线车辆同时存在，评分时要折合成标台数进行计算。评分标准如表5-24所示。

车辆万人拥有率指标评分标准 表5-24

得分	100~90	90~80	80~70	70~60	60~0
车辆万人拥有率（标台/万人）	≥4.0	≥3.5	≥3.0	≥2.5	<2.5

（2）高峰时段满载率 $B10$：

此模式中，城市公交与农村客运班线并存，城市公交可以设置站位，而农村客运班线在运营时不能超过座位荷载数，因此在计算本指标时，应考虑该地区城市公交与农村客运班线的比例情况。按照此模式地区的平均水平来看，本指标一般不应高于120%。评分标准如表5-25所示。

高峰时段满载率指标评分标准 表5-25

得分（分）	100~90	90~80	80~70	70~60	60~0
高峰时段满载率（%）	<80	<90	<100	<120	≥120

5）经济服务

服务价格可接受度 $B11$。

本指标包括三项内容：

①全域城乡公交享有较低票价情况，该项满分为40分。

②城乡货运物流的定价机制、运价使用者接受度情况，该项满分为40分。

③五类人群享有免费或优惠乘车的政策扶持情况，该项满分为20分。

三项内容，满足一项，得相应的分数，满分100分，行政区全面满足要求时得满分。

3. 运营管理评分标准

1）运营模式

（1）城乡客运车辆公交化比率 $C1$。

该指标满分为100分，数值达100%时得满分，每降低1%扣2分，扣完为止。

（2）跨业融合发展情况 $C2$。

本指标包括三项内容：

①建立顺畅的跨业融合发展的部门协调机制情况，该项满分为40分。

②合理规划布设城乡交通综合服务站点情况,该项满分为30分。

③城乡客运班线捎带小件快运运营情况,该项满分为30分。

三项内容各自评价,得相应的分数,满分100分。

2)市场建设

企业经营模式一体化程度 $C3$。

本指标包括三项内容:

①城乡客运线路采用公车公营模式情况,该项满分为30分。

②针对适应采用需求响应等新模式的地区,相应新模式运营情况,该项满分为30分。

③多业态联合运营情况,该项满分为40分。

本评分指标满分100分,根据上述标准,可以定性地评价某区域企业经营模式一体化程度,并给予打分,行政区全面满足要求时得满分。

3)发展政策

发展政策一体化水平 $C4$。

本指标包括三项内容:

①市县级行政区域建立"一城一交"的综合交通管理体制和城乡交通运输一体化多部门联合推进机制情况,该项满分为30分。

②市县级人民政府编制的市县级行政区城乡交通运输一体化发展规划及场站专项规划,主要指标纳入城乡规划统筹实施情况,该项满分为30分。

③市县级人民政府出台的支持城乡交通运输一体化发展的政策,包括交通基础设施用地安排,道路通行管理,以及场站建设、车辆购置、票价优惠、政策性亏损的财政补贴等方面情况。该项满分为40分。

三项内容,满足一项,得相应的分数,满分100分,行政区全面满足要求时得满分。

(三)"城乡二元型"评分标准

1. 设施建设评分标准

1)道路网络一体化程度

建制村公路通畅率 $A1$。

城乡二元型的地区,通畅的标准为:通达建制村路面类型为有铺装路面(沥青混凝土、水泥混凝土路面)、简易铺装路面(沥青贯入式、沥青碎石、沥青表面处治路面)和其他硬化路面[石质路面(含弹石、条石等)、混凝土预制块路面、砖铺路面等]。

该指标满分为100分,A1数值达100%时得满分,每降低1%(不足1%时四舍五入,下同)扣2分,扣完为止。行政区内没有建制村的,该项指标默认满分。

2)场站枢纽一体化程度

(1)城乡客运场站覆盖率A2。

城乡二元型的地区,城市公交、城乡客运、农村班线并存,因此,评价发展此模式的区县,在城市规划区内,则按各类客运站点500m半径覆盖率计算;在城市规划区外,按照行政村委会所在地在通达城乡道路客运班线的站点2km覆盖范围内,即为通达来计算,并以面积计算权重,最终得出整个区域的通达率。评分标准如表5-26所示。

城乡客运场站覆盖率指标评分标准 表5-26

得分	100~90	90~80	80~70	70~60	60~0
通达率(%)	≥90	≥80	≥70	≥60	<60

(2)县乡村三级物流配送站点覆盖率A3。

城乡二元型的地区,以各类物流站点2000m半径覆盖率计算。评分标准如表5-27所示。

县乡村三级物流配送站点覆盖率指标评分标准 表5-27

得分	100~90	90~80	80~70	70~60	60~0
覆盖率(%)	≥90	≥80	≥70	≥60	<60

(3)基础设施筹建一体化水平A4。

该项满分为100分,每一个新建、改扩建城市道路或公路项目与客运站点(包括简易站、招呼站、候车亭等)没有同步设计、同步建设、同步交付使用扣5分,每一个未规划建设跨行业资源整合情况的扣5分,扣完为止。行政区全面满足要求时得满分。

3)客运线网一体化程度

线网承载能力匹配度A5。

评分标准如表5-28所示。

线网承载能力匹配度指标评分标准　　表 5-28

得分	100 ~ 90	90 ~ 80	80 ~ 70	70 ~ 60	60 ~ 0
线网承载能力匹配度	≥1.2	≥1.1	≥1.0	≥0.8	<0.8

2. 服务质量评分标准

1) 安全服务

(1) 交通责任事故万车死亡率 $B1$。

该指标满分为 100 分，数值为 0 时得满分，每增加 1 人/万车扣 1 分，扣完为止。

(2) 车辆安全设施完备率 $B2$。

评分标准如表 5-29 所示。

车辆安全设施完备率指标评分标准　　表 5-29

得分	100 ~ 90	90 ~ 80	80 ~ 70	70 ~ 60	60 ~ 0
车辆安全设施完备率(%)	≥90	≥85	≥80	≥75	<75

2) 便利服务

(1) 场站枢纽换乘衔接便捷率 $B3$。

城乡二元型的地区，基础设施建设情况较差，衔接程度还处于一般水平，因此，能便捷换乘的站点是指各类城乡客运站与农村班线、城乡客运、城市公交之间的换乘距离小于 800m 或者换乘时间小于 10min 的站点。评分标准如表 5-30 所示。

场站枢纽换乘衔接便捷率指标评分标准　　表 5-30

得分	100 ~ 90	90 ~ 80	80 ~ 70	70 ~ 60	60 ~ 0
场站枢纽换乘衔接便捷率(%)	≥80	≥70	≥60	≥50	<50

(2) 相邻镇村直达率 $B4$。

城乡二元型的地区，经济发展水平较差，城乡居民的主要出行需求都集中在乡镇与村、乡镇与中心城市之间，相邻镇村、社区之间出行需求一般，因此，线路直达率还处于较低水平。评分标准如表 5-31。

相邻镇村直达率指标评分标准　　表 5-31

得分	100 ~ 90	90 ~ 80	80 ~ 70	70 ~ 60	60 ~ 0
相邻城镇直达率(%)	≥60	≥50	≥40	≥50	<30

(3)城乡货运物流服务覆盖率 $B5$。

城乡二元型的地区,由于货运物流需求较小,以满足农村居民的基本需求为主。评分标准如表 5-32 所示。

城乡货运物流服务覆盖率指标评分标准　表 5-32

得分	100 ~ 90	90 ~ 80	80 ~ 70	70 ~ 60	60 ~ 0
城乡货运物流服务提供情况(%)	≥70	≥60	≥50	≥40	<40

(4)信息服务一体化水平 $B6$。

本指标包括六项内容:

①城乡客运信息通过互联网、手机等对外动态发布情况,该项满分为 20 分。

②城区内三级以上等级道路客运站公布可换乘的城市公交线路信息情况,该项满分为 15 分,没有三级以上等级道路客运站的为 0 分。

③行政区实现道路客运联网售票或网络售票情况,该项满分为 15 分。

④本地出发和达到的各地的货源和车源信息,该项满分为 20 分。

⑤零担货物托运商委托信息平台情况,该项满分为 15 分。

⑥统一的交通运输服务监督电话开通及保持良好运转情况,该项满分为 15 分。

六项内容,满足一项,得相应的分数,满分 100 分,行政区全面满足要求时得满分。

3)快捷服务

(1)高峰时段平均发车间隔 $B7$。

城乡二元型的地区,各类型的各条线路高峰时段平均发车间隔可以根据线路等级、长度、高峰时段客流量等因素而有所差异,由于此模式一般出行需求较少,客流量较小,因此对于客流量强度大的线路高峰发车间隔可为 10 ~ 15min。评分标准如表 5-33 所示。

高峰时段平均发车间隔指标评分标准　表 5-33

得分	100 ~ 90	90 ~ 80	80 ~ 70	70 ~ 60	60 ~ 0
高峰时段平均发车间隔(min)	<10	<12	<14	<16	≥16

(2)平均运营速度 $B8$。

城乡二元型的地区，一般来说，道路条件较差，城乡道路客运干线运营速度在30～40km/h，主要实现城镇间快速联系功能，城乡道路客运支线重要是提高覆盖率，运营速度可降至20～30km/h。评分标准如表5-34所示。

平均运营速度指标评分标准　　表5-34

得分	100～90	90～80	80～70	70～60	60～0
平均运营速度(km/h)	≥40	≥35	≥30	≥20	<20

4)舒适服务

(1)车辆万人拥有率*B*9。

城乡二元型的地区，城市公交车辆和城乡客运班线车辆同时存在，评分时要折合成标台数进行计算。评分标准如表5-35所示。

车辆万人拥有率指标评分标准　　表5-35

得分	100～90	90～80	80～70	70～60	60～0
车辆万人拥有率(标台/万人)	≥4.0	≥3.5	≥3.0	≥2.5	<2.5

(2)高峰时段满载率*B*10。

城乡二元型的地区，农村班线客运比例较大，运营时不能超过核定座位数，因此应综合考虑城市公交与农村班线客运的规定核载情况，一般不应高于100%。评分标准如表5-36所示。

高峰时段满载率指标评分标准　　表5-36

得分	100～90	90～80	80～70	70～60	60～0
高峰时段满载率(%)	<80	<90	<95	<100	≥100

5)经济服务

服务价格可接受度*B*11。

本指标包括三项内容：

①全域城乡公交享有较低票价情况，该项满分为40分。

②城乡货运物流的定价机制、运价使用者接受度情况，该项满分为40分。

③五类人群有免费或优惠乘车的政策扶持情况，该项满分为20分。

三项内容，满足一项，得相应的分数，满分100分，行政区全面满足要求时得满分。

3. 运营管理评分标准

1) 运营模式

(1) 城乡客运车辆公交化比率 $C1$。

该指标满分为 100 分,数值达 100% 时得满分,每降低 1% 扣 0.5 分,扣完为止。

(2) 跨业融合发展情况 $C2$。

本指标包括三项内容:

①建立顺畅的跨业融合发展的部门协调机制情况,该项满分为 40 分。

②合理规划布设城乡交通综合服务站点情况,该项满分为 30 分。

③城乡客运班线捎带小件快运运营情况,该项满分为 30 分。

三项内容各自评价,得相应的分数,满分 100 分。

2) 市场建设

企业经营模式一体化程度 $C3$。

本指标包括三项内容:

(1) 城乡客运线路采用公车公营模式情况,该项满分为 30 分。

(2) 针对适应采用需求响应等新模式的地区,相应新模式运营情况,该项满分为 30 分。

(3) 多业态联合运营情况,该项满分为 40 分。

本评分指标满分 100 分,根据上述标准,可以定性地评价某区域企业经营模式一体化程度,并给予打分,行政区全面满足要求时得满分。

3) 发展政策

发展政策一体化水平 $C4$。

本指标包括三项内容:

(1) 市县级行政区域建立"一城一交"的综合交通管理体制和城乡交通运输一体化多部门联合推进机制情况,该项满分为 30 分。

(2) 市县级人民政府编制的市县级行政区城乡交通运输一体化发展规划及场站专项规划,主要指标纳入城乡规划统筹实施情况,该项满分为 30 分。

(3) 市县级人民政府出台的支持城乡交通运输一体化发展的政策,包括交通基础设施用地安排,道路通行管理,以及场站建设、车辆购置、票价优惠、政策性亏损的财政补贴等方面情况。该项满分为 40 分。

三项内容，满足一项，得相应的分数，满分100分，行政区全面满足要求时得满分。

四、城乡交通运输一体化发展水平评价方法研究

（一）评价指标值的无量纲化

首先根据前文提出的各评价指标评价方式，计算各个评价指标的评价值，再运用评价指标（定性和定量）无量纲化计算方法，对指标进行无量纲化。

（二）建立评语集

由于涉及技术、经济等不同领域，为全面、真实地反映城乡交通运输发展水平的实际情况，要建立各个指标的评价标准。首先将评语集分成不同的等级，一般分为"5A""4A""3A""2A""A"五个等级，再将这些评价等级构成评价域，根据专家调查的结果，采用统计分析方法确定各项指标的评价标准值，如表5-37所示。

城乡交通运输一体化发展水平评价指标评价标准　表5-37

综合评价情况	5A	4A	3A	2A	A
评分取值标准	100～90	90～80	80～70	70～60	60～0

（三）确定评价指标的隶属度并计算指标值的权重

在进行模糊综合评价前，首先应确定评价指标对每个选择等级的隶属度 r_{ijt}。根据参与调查的专家按照表5-37的评语集给出等级，分别统计各指标属于每个评价等级的频数 k_{ijt}，据此计算出每个指标的单因素评价集为：

$$r_{ij}=\{(k_{ij1}/n),(k_{ij2}/n),(k_{ij3}/n),(k_{ij4}/n),(k_{ij5}/n)\}$$

式中：n——调查的专家的个数。

根据专家调查的结果，采用统计分析方法确定各项指标的评价标准值，运用层次分析法计算出各子目标在综合评价中的权重。

（四）进行综合评价

假设评价问题的评价目标为 B（综合评价值），相应的评价指标（规范化）矩

阵为

$$Q = \{x_1, x_2, x_3, \cdots, y_1, y_2, y_3, \cdots, z_1, z_2, z_3, \cdots\}$$

相应的权重矩阵为

$$W = \{w_1, w_2, \cdots, w_n\}$$

$$B = Q \cdot W^{\mathrm{T}} = \sum_{i=1}^{i} x_i w_i + \sum_{j=1}^{j} y_j w_j + \sum_{l=1}^{l} z_l w_l + \sum_{h=1}^{h} v_h w_h$$

式中：x_i, y_j, z_l, v_h——各制约因素的评价值；

w_n——各制约因素相应的权重。

第六章　城乡交通运输一体化发展的思路和重点

为制定切实可行的城乡交通运输一体化发展政策,本章明确城乡交通运输一体化发展的总体思路,分析存在的关键问题,确定城乡交通运输一体化的发展重点和任务。

一、我国城乡交通运输一体化发展总体思路

现阶段,我国城乡交通运输一体化发展的总体思路是:以实现城乡交通运输统筹发展、实现基本公共服务均等化为目标,以完善城乡交通基础设施、提高城乡交通运输服务水平、优化城乡交通运输发展政策环境、保障城乡交通运输安全发展、提高城乡交通运输智能化信息化水平为重点,坚持"城乡统筹、资源共享、路运并举、客货兼顾、运邮结合",破除城乡交通运输发展二元结构,统筹推进交通运输与互联网、电子商务、邮政、旅游等多业态融合发展,补齐城乡交通运输发展短板,推进供给侧结构性改革,加大城乡交通供给,创新城乡交通运输服务,完善管理体制机制和政策保障体系,提升服务质量和水平,引领和支撑城乡经济协调发展,让人民群众共享交通运输改革发展成果。

二、我国城乡交通运输一体化发展应当考虑的关键问题

(一)政府与市场的关系问题

城乡交通运输一体化业务领域涉及面较广,包括农村公路、农村客运、城市公

共交通、农村物流、邮政普遍服务等多个领域，其中不同领域具有不同的性质，如农村公路、城市公共交通和邮政普遍服务具有明显的公益属性，农村物流被认为是具有明显的经营属性，农村客运到底是公益属性还是经营属性还存在较大争议。这导致政府在推进城乡交通运输一体化不同领域工作当中所起到的作用是不一样的，这就涉及政府和市场谁占主导地位的问题。因此，妥善处理政府与市场的关系，是顺利推动城乡交通运输一体化的前提和基础。它决定了政府是否应当投入公共财政、公共资源和发挥主导作用。

从各地的经验来看，政府和市场推进城乡交通运输一体化的模式，主要分为政府主导型、政府引导型和市场主导型三种。从理论来看，城乡交通运输虽然具有一定的市场经营属性，但由于关系到人民群众生产生活的方方面面，尤其在广大贫困乡村地区，农村公路、农村客运是当地居民出行和生产生活物资运输的唯一途径，总体来说还是属于社会公益属性事业，政府应当发挥主导作用。但是从现实来看，由于受地方政府发展理念、体制机制以及财力物力影响，大多数地方为政府引导型或市场主导型，城乡交通运输服务的提供者大多为企业或社会组织，政府主导地位缺失，导致企业或个体提供服务的好坏直接决定了城乡交通运输服务水平的高低，城乡交通运输发展质量和水平难以得到切实保障。

综合来看，在推进城乡交通运输一体化过程中要发挥政府主导或引导作用，充分调动各方积极性，鼓励社会参与，激发市场活力。对于农村客运（含渡运）、农村邮政、城市公交（含城市轮渡）等公共服务领域，要加强政府主导，加大财政投入和政策支持力度。对于农村物流等经营属性较为明显的领域，政府应该通过政策引导，放松管制，激发市场潜力和活力，引导企业积极参与，提高服务水平。

（二）区域发展不平衡问题

我国地域辽阔，人口众多，在自然地理和历史人文等多种因素的综合作用下，区域差异和发展不充分、不平衡问题客观存在，其中尤以东、中、西各板块之间的地域差异最为突出。近年来，中西部不发达地区与东部沿海地区经济发展差距不断拉大，导致城乡交通运输发展的不平衡问题逐步显现。一些东部沿海发达城市已经基本实现了城乡交通运输均等化发展，农村与城市的边界越来越模糊，农村与城市的交通运输供给水平也差异不大，如北京、上海、厦门、东莞等城市实行全域公交的发展模式。而西部一些省份还在为解决农村地区基本出行问题而努力，一些地区的行政村通客车率不到90%,城乡客运一体化发展水平低于AAA级。

因此,在推动我国城乡交通运输一体化过程中必须充分考虑区域发展不平衡问题。首先,在政策的制定过程中,要考虑不同层次发展水平的需求,因地制宜、分类指导,给予地方更多的自主权限,制定符合本地区发展的政策;其次,要积极开展试点示范,鼓励各地先行先试,探索形成不同类型、可复制、可推广的城乡交通运输一体化发展模式及实施途径;最后,要发挥中央政府财政转移支付的作用,对中西部落后地区城乡交通运输事业发展给予一定的倾斜。

(三)城乡交通二元结构问题

一直以来,我国经济社会城乡二元结构特点明显,导致城乡交通运输也存在二元结构问题。主要表现在:

一是管理体制方面,在同一行政区划内的城乡交通管理部门之间也存在着各种不协调、不统一。以城乡客运为例,城乡短途客运和城市公交分属交通和建设(市政)两个管理部门,即管理上存在二元化的体制性矛盾,导致很多地区在开展城乡短途客运公交化的改造和城乡短途客运与城市公交班线网络一体化的建设等工作时,束手束脚、步履维艰,极大阻碍了城乡客运一体化的进程。

二是交通基础设施方面,城乡道路设施和枢纽建设难以统筹。道路建设方面,城市道路建设的重点在城市建成区内部,各级公路建设的重点在城际、城镇、镇村之间。由此造成城区道路建设和城区外公路建设和发展都比较快,但是在城乡结合地段,内外的连接却成为交通瓶颈。另外,对外高速公路、快速公路与城市道路间也缺乏有效的衔接过渡。在一些城市中,几乎所有的高速公路、快速公路均直接接入城市中心区的快速环路,加剧了城市中心环路与其他干道的交通拥挤。枢纽建设方面,各交通方式之间的换乘条件比较差,缺乏必要的换乘设施,特别是公交车与公交车、乡村客运及轨道交通之间的衔接换乘不便。

因此,在推进城乡交通运输一体化过程中,要重点考虑城乡交通二元结构问题,完善城乡交通运输管理体制,建立城乡交通运输协调机制,补齐城乡结合地区交通运输发展短板,加快推进城乡交通基础设施衔接和运输服务一体化建设,促进城乡交通运输一体化全面协调发展。

(四)多业态融合发展问题

随着城乡经济社会的快速发展,不同产业、不同行业、不同领域的关系越来越紧密,产业间、行业间的融合将成为未来经济发展的主要特征。近年来,城乡交通运输一体化发展与相关产业发展的关系也越来越紧密。一是农村物流的发展与商贸、供销、农业的发展融合程度越来越深,农村物流越来越成为影响当地农村经济发展、支撑全面建成小康社会的重要方面。二是随着乡村旅游经济的发展,交通与旅游的关系也越来越紧密,城乡客运与旅游客运也呈现深度融合发展的趋势。三是农村客运与邮政快递的关系越来越紧密,农村客运与邮政快递具有高度的资源共享性,农村客运站可以共享邮政快递网点资源,邮政快递配送可以借助城乡客运班车定时、定班、覆盖面广的特点,加强交邮深度合作。

因此,在推进城乡交通运输一体化过程中,要注重与相关行业和领域的深度融合,整合相关资源,加强不同行业间的信息共享,充分发挥不同行业的互补优势和资源优势,推动城乡交通运输与供销、旅游、电商等融合发展。

三、战略重点与任务

根据推进城乡交通运输一体化发展的总体思路和考虑的关键问题,主要从完善城乡交通基础设施、深入推进城乡客运一体化发展、推动农村物流融合发展、营造城乡交通运输一体化发展良好环境和保障城乡交通运输安全 5 个方面,提出推进城乡交通运输一体化发展的战略重点和任务。

(一)完善城乡交通基础设施

交通运输是经济社会的基础设施和重要纽带,是经济发展的基本需要和先决条件,是社会运行的基本保障和文明标志。交通基础设施作为交通运输发展的先决条件,要想大力推进城乡交通运输一体化发展,首先要优先发展城乡交通基础设施,提高城乡交通基础设施一体化水平。近年来,我国城乡交通基础设施建设成效显著,基本建成了“外通内联、通村畅乡”的城乡交通基础设施网络。但是,从城乡交通基础设施的规划、结构、质量和服务上看,我国城乡交通基础设施还不能完全满足城乡交通运输一体化的发展要求,加快城乡交通基础设施建设仍然是城乡交通运输一体化的首要任务。干线公路方面,西藏、四省藏区、滇西边境等片区普通国省干线技术等级低下,很多都达不到二级公路建设标准,有些国道甚至还是土路、砂石路,很难满足城乡客货运输快速集散的要求,国省干线升级改造任务艰巨;农村公路方面,“十三五”期间仍然有 200 多个乡镇,2.4 万个建制村要通沥青(水泥)路。而且早期已建成的农村公路建设标准低,安全设施不到位,满足不了农村客车安全通行要求,不达标路段的提升改造、公路安全生命防护工程和危桥改造等需求十分迫切;场站枢纽方面,早期修建的客货运场站大都位于城市核心地带,近年来由于经济发展和城市范围的扩张,很多客货运场站面临迁建的要求。新的选址既要满足广大人民群众便捷出行需求,又要符合城市发展总体规划,二者很难兼顾。推进城乡交通基础设施一体化建设,发挥交通基础设施对城乡交通运输的先行先导作用,要重点从以下 5 个方面开展。

1. 强化城乡交通运输规划引领作用

考察一个城市首先看规划,规划科学是最大的效益,规划失误是最大的浪费,规划折腾是最大的忌讳。因此,在推进城乡交通运输一体化的过程必须要编制城乡交通运输一体化发展规划,抓好规划的落实工作。城乡交通运输规划是指导城乡交通运输发展的蓝图,是全局性、综合性、战略性、前瞻性规划。在城乡一体化发展背景下,推进城乡交通运输一体化发展必须以城乡交通运输一体化规划为遵循,创新规划理念,改进规划方法,提高规划的科学性、实效性,切实维护规划的权威性、严肃性,才能充分发挥规划的引领作用。

编制城乡交通运输一体化规划,首先要立足统筹城乡发展,统筹规划城乡交通基础设施、客运、货运、邮政、旅游、商贸等内容。以往城乡交通运输各个领域都是各自独立编制规划,有城乡客运一体化规划、邮政快递业发展规划、农村公路网规划、农村客运场站规划、农村物流发展规划,这些规划不统一、不协调、不衔接的问题较为突出。因此,城乡交通运输一体化规划内容应该涵盖全面,并且促进不同领域、不同行业的协调衔接,加强城乡交通基础设施衔接,整合城乡综合交通运输资源,优化运输网络,提升基本公共服务水平。

其次,要注重建立规划衔接协调机制。由于城乡交通运输一体化发展规划是一个专项规划,缺乏足够的法律效力,因此,当地政府部门在编制完城乡交通运输一体化发展规划后,要将城乡交通运输一体化发展规划的内容纳入国民经济与社会发展规划、城镇体系规划和土地利用规划,并加强与相关规划的统筹衔接,强化规划调控力度,确保规划能够执行到位,保障规划内容顺利实施。

2. 加强城市交通基础设施建设

城市和乡村是城乡交通运输一体化服务的两个对象,也是城乡居民出行和生产生活物资运输的起始点和目的地。国家历来重视城市基础设施建设,2013 年国务院印发了《国务院关于加强城市基础设施建设的意见》(国发〔2013〕36 号),提出要加强城市道路交通基础设施建设;2015 年,中央高规格召开了全国城市工作会议,并于 2016 年印发了《中共中央　国务院关于进一步加强城市规划建设管理工作的若干意见》,强调要进一步加强城市基础设施建设。相对于农村交通基础设施而言,城市交通基础设施相对比较完善,但是仍然存在城市道路网结构和等级不合理、城市道路的"断头路"较多、城市道路与对外交通主干道衔接不顺畅等问题。

加快城市交通基础设施建设,首先要加快城市道路网基础设施建设。建设快速路、主次干路和支路级配合理的城市道路网系统,配合城市"街区"化改造,建立城市道路微循环系统,畅通城市交通的毛细血管,加强城市道路与对外高等级公路、农村公路的衔接,打通阻碍城乡一体化衔接的"断头路",保障城乡交通运行更顺畅。

其次,要加强城市公共交通基础设施建设。城市公共交通是城市交通的主体,2012 年,国务院印发了《国务院关于城市优先发展公共交通的指导意见》(国发〔2012〕64 号),明确提出了城市优先发展公共交通的战略。公共交通基础设施建设是城市公共交通运行的基础。鼓励有条件的城市按照"量力而行、有序发展"的原则,推进地铁、轻轨等城市轨道交通系统建设,发挥地铁等作为公共交通的骨干作用,带动城市公共交通和相关产业发展,尤其是东部沿海地区和京津冀、长三角、珠三角地区等城市群地区要建设城市群轨道交通网络,鼓励中心城市将轨道交通线路延伸到中小城镇,使轨道交通成为中小城镇对外交通的主体。积极发展大容量地面公共交通,加快调度中心、停车场、保养场、首末站以及停靠站的建设;推进换乘枢纽及充电桩、充电站、公共停车场等配套服务设施建设,将其纳入城市旧城改造和新城建设规划同步实施。

再次,要加快建设城市慢行交通系统。慢行交通系统是把步行、自行车、公交车等慢速出行方式作为城市交通的重要组成部分,要加强自行车道和步行道建设,改善步行和自行车出行环境,有效解决快慢交通冲突、慢行主体行路难等问题,引导居民采用"步行 + 公交""自行车 + 公交"的绿色出行方式。

3. 加快城乡公路网络建设

城乡公路包括普通国省干线、农村公路。城乡公路是保障农民群众生产生活的基本条件,是农业和农村发展的基础性、先导性设施,是社会主义新农村建设的重要支撑。2003 年,交通部提出了"修好农村路,服务城镇化,让农民走上油路和水泥路”的建设目标。2013 年,交通运输部进一步提出了“小康路上,绝不让任何一个地方因农村交通而掉队”的目标。近年来,农村公路的快速发展和路网状况的显著改善,为农村经济发展和社会进步提供了有力保障,对社会主义新农村建设和全面建成小康社会发挥了重要作用。但是,农村公路发展依然存在着基础不牢固、区域发展不平衡、养护任务重且资金不足、危桥险段多、安全设施少等突出问题,与全面建成小康社会的要求还存在较大差距。党的十八大以来,习近平总书记多次就农村公路发展作出重要指示批示,在充分肯定农村公路建设成绩的同时,要求农村公路建设要因地制宜、以人为本,与优化村镇布局、农村经济发展和广大农民安全便捷出行相适应,要进一步把农村公路建好、管好、护好、运营好,逐步消除制约农村发展的交通瓶颈,为广大农民脱贫致富奔小康提供更好的保障。2015 年,交通运输部印发了《交通运输部关于推进“四好农村路”建设的意见》(交公路发〔2015〕73 号),提出了“四好农村路”的工作目标和任务。

加快城乡公路网络建设,首先,要加快建设外通内联的城乡公路交通骨干通道。加快低等级城乡公路提级改造,提高城乡公路的服务能力和保障水平,保障全国所有县城通二级及以上公路。加强路网的衔接,强化干线公路、农村公路与城市道路、渡口码头之间的衔接,强化县际、县乡和乡村之间的交通联系。

其次,要加强“四好农村路”建设,促进农村公路建管养运一体化发展,继续加大农村公路建设力度。根据国家发改委、交通运输部和国家扶贫办的要求,我国将重点实施百万公里农村公路建设工程。其中包括剩余乡镇通硬化路 1 万 km、建制村通硬化路 23 万 km、易地扶贫搬迁安置点通硬化路 5 万 km、乡村旅游公路和产业园区公路 5 万 km、一定人口规模的自然村公路 25 万 km、改建不达标路段 23 万 km、改造“油返砂”公路 20 万 km 和农村公路危桥 1.5 万座。尤其是要加大对中西部地区农村公路的建设投入,加快实现所有具备条件的乡镇和建制村通硬化路。

再次,要加强农村公路安全防护设施改造。加快推进公路安全生命防护工程实施,加强农村公路危桥改造,建设适宜的农村渡河桥。对不满足安全通行要求的窄路基路面公路要实施加宽改造。完善交通标志标线,建立配套管理机制。

4. 加快水运设施建设

水运基础设施是水路运输的基础,也是部分水网发达地区农村居民出行的重要交通运输方式。近年来,我国水运基础设施建设得到了显著改善,行业管理水平稳步提升。“十二五”时期,内河水运建设全面加快,基础设施投资完成 2400 多亿元,长江干线航道系统治理成效显著,高等级航道体系基本形成,内河规模化、集约化港区建设取得明显进展。但是,与经济社会发展和人民群众日益增长的运输需求相比,水运行业现代化服务水平仍有待进一步提升。主要表现为:内河航道、港口等基础设施条件还比较薄弱,仍然是综合交通运输体系的短板;部分区域内港口协调发展不够,一些港口片面追求上规模、求数量,岸线资源利用率不高,港口集疏运条件有待改善;长期以来,乡镇渡口投入甚少,除了对部分渡船进行有限的改造外,渡口码头基本处于原始岸坡状态。

因此,必须要加快水运设施建设。首先,加快建设有市场需求的内河客运码头、乡镇渡口和城乡便民停靠点,科学编制乡镇渡口规划,对于跨河、湖、库区建桥难度高、投资大的地区,可以考虑设置公路渡口,对于乡镇之间、村寨之间公路尚不能全面贯通的地区,需要建设或保留渡口这一连接纽带,作为农村道路网络的延伸。

其次,加快推进渡口标准化建设和改造,完善渡口设施设备和标识,促进渡口建管养一体化,加快建立渡口分级标准和渡口设施设备配置标准,分类推进渡口建设。

再次,加强陆岛交通基础设施建设,遵循“大岛建、小岛迁、陆岛连”的发展思路,进一步改善海岛交通基础设施。根据岛屿发展定位和人口规模,考虑交通出行目的,针对通勤、旅游等不同出行需求提供差别化的服务,对于货运量较大的岛屿实现客货分离,并考虑岛际跨海通道建设对陆岛交通系统的影响,对受影响的交通码头进行功能新定位并完善布局。加强陆岛交通码头集疏运公路建设,全面提升海岛交通基础设施保障能力。

5. 加快城乡交通运输站场体系建设

加快农村客货运站建设、完善农村客货运输网络、方便农民出行和农村生产生活物资运输,是解决“三农”问题、推动社会主义新农村建设的客观要求。近年来,全国各地纷纷掀起农村客运站建设高潮,“乡乡建客运站”的呼声越来越高,农村客运站的数量、规模和等级不断提高。然而,从实际情况来看,无论是建站速度、建设标准,还是使用效果都不尽如人意,主要有几方面原因:一是建设资金短缺,由于农村地区财政能力弱,普遍缺乏财政支持能力。二是用地难,很多地方实施公路建设时很少把场站建设计划在内,公路建成后,一些适合建场站的地方被其他建筑占据,为农村客运站选址带来很大困难。加之地方政府对农村客运站建设重视不够,不尽力协调征地事宜,很多客运站因征地协调不成,不得不另选站址。三是车站养护成本高,由于农民居住分散,已养成沿街或沿路候车的习惯,不习惯进站候车，车主自然也就不愿进站配客，所以多数农村客运站生意清淡、收入微薄。经营者无法聚集资金对场站进行养护，场站也就不能使用了。四是使用效果差，有些客运站离农村集镇、贸易市场以及客流量较大的交叉路口较远，乘客不愿意进站候车，运输业户不愿进站候客，经营效益差，最后不得不停业闲置或挪作他用。因此，必须要加快城乡运输站场体系建设。

首先，科学规划和建设标准适宜、经济实用的农村客货运站点。要在将农村客货运站点布局纳入城乡交通运输一体化发展规划的基础上，积极争取纳入土地利用规划，加强场站用地保障。农村客货运站点的规模和标准要与当地居民出行和货运需求相匹配，不能建设规模和标准过于超前的站场，从而造成资源浪费。农村客运站点选址要符合当地居民的出行习惯，吸引当地居民进站乘车。要完善农村客货运站点服务设施，给农村乘客和货物运输创造方便、舒适的环境。

其次，推进农村客运站点与农村公路“四同步”，即同步规划、同步设计、同步建设和同步交付使用。

再次，加强县城客运站与城市公共交通有序衔接和资源共享，鼓励客运站与城市公交站点一体化建设，推进公交停靠站向道路客运班线车辆开放共享，方便乘客下车换乘。

最后，鼓励农村客运站点开展综合开发，将客运站点与商业、酒店和旅游等场所共同开发，吸引乘客进站乘车，同时增加农村客运站点收入，以站养站。

（二）深入推进城乡客运一体化发展

城乡客运是联系城乡、服务居民出行的重要纽带，是城乡经济社会一体化发展的重要基础，与人民群众生产生活息息相关。推进城乡客运一体化发展，实现城乡客运资源共享、政策协调、衔接顺畅、布局合理、结构优化、服务优质，是落实中央“三农”政策的重要举措，是加快转变城乡客运发展方式、提升行业可持续发展能力、发挥行业比较优势的迫切需要，对推进城乡客运基本公共服务均等化具有重要意义。近年来，我国城乡客运一体化快速发展，农村客运通达深度不断提高，城市公交服务水平不断提高，城乡旅客运输能力不断提高。2011 年，交通运输部印发了《交通运输部关于积极推进城乡道路客运一体化的指导意见》（交运发〔2011〕490 号），提出了我国城乡客运一体化的发展目标、方向和总体思路，并且明确了主要任务，之后城乡客运一体化迎来快速发展阶段。但是，我国城乡客运一体化发展仍是薄弱环节，存在不少突出问题。在城市公交方面：公共财政投入不足，没有形成持续发展的良性机制，“行车慢、停车难、等车久、乘车挤”的现象普遍存在；在农村客运方面：基础设施不健全、经营效益差、管理薄弱、车辆装备水平不高、安全隐患多等问题不同程度存在；在城乡客运衔接方面：城市公交与农村客运枢纽站点和线网衔接不畅、换乘不便，城乡客运服务质量差异较大，农村客运方便性、安全性、经济性上与城市公交存在较大差距，在城镇和农村客运发展的“二元分割”问题上表现得尤为突出。

1. 完善城乡客运服务网络

城乡客运线网服务网络主要是指通过城乡客运线网的合理规划，实现城区公交和城乡客运班车的接驳与衔接。城乡客运线网服务网络就是依据城乡的线网条件、客运需求量、土地使用性质，并结合未来的人口、经济、用地等发展预测，对城区到乡镇、乡镇之间、各乡镇到村之间的客运线路进行总体规划，以满足城乡居民的出行需求，实现客运的一体化。近年来，我国城乡客运服务网络不断完善，城乡客运线路和服务覆盖的深度和广度不断提升，城际、城市、城乡、镇村四级客运网络不断完善。但是，与农村居民日益增长的出行需求相比，城乡客运服务网络服务的深度和广度仍然不够，服务水平和服务质量仍然存在较大差距，服务的手段也较为单一。因此，必须完善城乡客运服务网络，提高城乡客运服务水平。

首先，要站在综合交通运输网络体系的角度，加快建立与铁路客运站、机场、码头等一体化换乘和衔接的城乡客运服务体系。完善相关线网结构，推进空巴通发展模式和道路客运与高铁站等的衔接，提升综合运输网络服务水平，畅通综合交通运输“最后一公里”。

其次，提高农村地区客运服务深度和广度。创新农村客运发展模式，采取定线不定班、片区经营、冷线热线搭配、赶集班、上学班、节日班、按需定制等不同模式，提高建制村通客车率，确保农村居民行有所乘，保障城乡居民基本公共服务均等化。

再次，因地制宜推进城乡客运班线公交化改造。对于东部沿海经济发达地区、重点乡镇及道路通行条件良好的农村地区，鼓励通过城市公交线网延伸或客运班线公交化改造，提升标准化、规范化服务能力。采用公交化运营的客运班线，经当地政府组织评估后，符合要求的可使用设置乘客站立区的公共汽车。

最后，贯彻落实国家优先发展城市公共交通战略，扩大城市公共交通网络覆盖面。稳步拓展城市公共交通服务网络，鼓励经济发展水平和城镇化程度较高地区的公共交通线网向城市周边的县城、重点乡镇以及主要人流集散点延伸，逐步实现城市公共交通在城市城区和郊区范围内的全覆盖，为城乡居民提供均等化的公共交通服务。

2. 推进城乡道路客运经营主体结构调整

近年来，我国城乡道路客运市场经营主体结构不断调整优化，行业集约化发展效果明显，道路客运市场集中度大幅提高，企业规模不断扩大，个体客车明显减少，较好地满足了公众出行需求。但同时，我国道路客运行业集中度较低，大型骨干企业总体规模偏低，道路客运组织化程度和信息化管理手段仍待提高，道路客运市场诚信体系尚未建立完善，道路客运服务质量有待进一步提升等问题仍较突出。与此同时，外出务工人流减少，私家车出行增加，高铁网日渐完善等因素也在冲击着道路客运市场。无论是服务还是市场，对于道路客运行业而言，要实现生存和可持续发展，就必须合理定位、转变发展方式、提高服务质量和资源利用效率、提升行业组织化程度，加快集约化发展。因此，必须推进城乡道路客运经营主体结构调整。

首先，加快整合城乡客运资源，鼓励开展区域经营，积极培育骨干龙头客运企业，鼓励整合分散的农村客运经营主体。鼓励和引导城乡道路客运经营主体以资产为纽带实施公司化改造，建立健全现代企业制度，加强规范化、规模化运营，提高发展质量。整合城际客运经营主体，引导成立城际客运线路公司。打破地域壁垒，积极引入规模、资金、管理、服务有优势的企业投资经营城乡道路客运，有条件的地区可积极推进城市公共交通、短途班线客运经营主体的统一，优化资源配置，培育骨干运输企业和城乡道路客运一体化服务品牌，形成区域内业务整合、服务统一、组织集约、竞争有序的格局。完善城乡道路客运的质量信誉考核体系，引导企业提升服务质量、承担社会责任。

其次，推进道路客运市场信用体系建设，营造良进莠出、优胜劣汰的市场环境。完善我国道路客运市场的准入退出机制，加快道路客运市场诚信体系建设，建立全国范围联网、信息共享的道路客运行业全国联网诚信征集系统。深入完善质量信誉考核制度和客运班线经营权招投标制度，并将考核结果作为配置资源和客运线路招投标的主要依据。探索建立以安全为主导的市场准入与退出机制，对达不到要求的，坚决不予许可进入运输市场。规范城乡客运经营服务行为，强化服务质量监管和社会监督，提升运营服务品质，打造城乡客运服务品牌。

再次，改革城乡道路客运管理方式，优化城乡道路客运管理制度，给予企业更多经营自主权,发挥市场配置资源的决定性作用,引导农村客运班线采取区域经营、循环运行、设置临时发车点等灵活方式运营。在充分竞争的市场环境下,引导企业根据市场需求自主调整经营结构。

3. 完善城乡客运价格形成机制

党的十八届三中全会强调,建设统一开放、竞争有序的市场体系,是使市场在资源配置中起决定性作用的基础。必须加快形成企业自主经营、公平竞争,消费者自由选择、自主消费,商品和要素自由流动、平等交换的现代市场体系,着力清除市场壁垒,提高资源配置效率和公平性。要建立公平开放透明的市场规则,完善主要由市场决定价格的机制,建立城乡统一的建设用地市场,完善金融市场体系,深化科技体制改革。这为城乡道路客运价格机制的改革指明了方向,也为改革提供了思路。目前的道路客运实行以政府指导价为主、市场定价为辅的定价机制,这与现代市场经济要求的规范、完备、灵活的道路运价体系相距甚远。因此,必须改革城乡客运价格机制,逐步放开道路客运价格的政府管制,充分发挥市场配置资源的决定性作用,最终建立以市场调节价为主,政府定价和政府指导价为辅的价格体系。

首先,建立政府宏观调控、客运企业自主有限浮动、市场供求变化起决定性作用的道路客运价格形成机制。综合考虑社会承受能力、财政保障水平、企业运营成本、运输产品服务质量差异、交通供求和竞争状况等因素,完善城乡客运价格形成机制,合理确定票制票价,建立多层次、差异化的价格体系,更好地满足城乡居民出行需求。根据我国不同地区差异较大的经济发展水平、道路客运企业运营成本和旅客承受能力,以及不同线路、不同季节的客流量明显非均衡分布的特征,由道路客运市场供求关系灵活地调整道路客运价格水平,以增强对客流的调控能力。以建立公平公正、充分竞争的约束激励机制为重点,着力提高道路客运企业的自主定价能力,逐步提高道路客运价格的市场化程度。政府根据道路客运的社会平均成本、市场供求状况、社会承受能力等因素,合理确定基准价及浮动幅度;企业在规定的幅度内,确定具体价格。完善道路客运价格决策听证制度,注重企业和社会对道路客运价格的意见,提高政府价格决策的科学性和透明度,促进政府价格决策的民主化和规范化。

其次,加强道路客运价格市场监管。道路客运主管机构要加强稽查,坚决打击运营车辆擅自涨价、途中加价等违规行为。加强客运站点和旅客集散地等源头的监督管理,要加强各级交通运管机构驻站力量,充分发挥驻站运管人员的作用,切实搞好源头管理,严厉查处擅自提高票价、票外加价等行为。建立道路客运市场价格举报制度,对存在价格欺诈、损害消费者行为的企业和个人要严惩,凡发现乱涨价的,责成企业或经营者立即退回多收票款,并依照有关规定进行处罚,充分保证消费者的合法权益。

再次,建立道路客运价格监测及信息公开制度。在市场调节价为主的道路客运价格体制下,加强对道路客运价格的监测和信息的收集,重点明确道路客运价格监测报告单位、道路客运价格监测内容和范围、道路客运价格监测报告周期和报送方式等内容。科学地收集、整理和通报运价信息,进一步改善信息传递手段,提高信息质量、及时性和准确性。如选择有代表性的线路、城市以及车型,监测有关价格变动情况;深入道路客运生产一线,选择市场份额较大的道路客运企业采集数据,确保监测、报送的数据准确;道路客运实际价格出现变动时,应及时了解、分析变动原因。加强道路客运市场形势调研、分析工作,要在开展道路客运价格监测报告工作的基础上,加强对道路客运市场形势的研判,分析道路客运价格走势,及时发现苗头性、倾向性问题。

4.提升乡村旅游交通保障能力

我国的旅游资源非常丰富,全国几乎每个县、市都有旅游资源。目前,我国的乡村建设和旅游产业发展进入了同步发展的新时期。旅游成为人们生活常态后,从旅行观光阶段进入旅行观光与休闲度假并行的新阶段。乡村旅游市场不断发育,乡村休闲度假产品不断丰富,乡村旅游市场成为我国旅游市场的重要组成部分,美丽乡村现在已成为我国现代旅游的主要目的地。中国旅游研究院对2016年国庆长假旅游大数据进行了分析:2016年国庆长假全国出游超过10km和6h的游客总计约1.86亿人次,其中乡村旅游人次约为1.29亿人次,约占国庆出游人次的70%;乡村旅游中跨省跨市出行比例达54%;重庆、北京、广州、成都四大城市出游人数规模占据国庆乡村游人次的一半;国庆长假全国乡村旅游平均出游距离151km,平均出游时间42h。调查显示,自驾游成为乡村游的主要出行方式,占68%,公共交通出行的占19%。旅游业和道路客运业是关联产业,从一定程度上讲旅游业也是客运业的上游产业,乡村旅游的快速发展,为城乡客运发展提供了源源不断的需求。但是,近年来,动车高铁遍地开花、网络约车异军突起、私家车辆日益增多,道路客运的发展面临多重冲击,曾以灵活、快捷等特点广受欢迎的公路客运逐渐失去优势。另外，鉴于旅游业的季节性特点，每个城市的车站与景点之间很少有稳定的客运班线。据统计，目前我国二级以上的车站乘班车旅游的人数占总游客数的10%，节假日也才能达到20%～25%。有相当一部分旅客选择了以其他方式出行，这对于常态化经营的各级道路客运企业来说，至少在市场拓展的意识上是存在缺位现象的。因此，必须努力提升乡村旅游的城乡客运保障能力。

首先，加快完善城乡客运运营模式，建立多元化的运游结合模式。积极支持传统村落、休闲农业聚集村、休闲农园、特色景观旅游名村、“农家乐”等乡村特色旅游区域开通乡村旅游客运线路。以客运带动旅游，以旅游促进客运，两者相辅相成，在模式上也不要一刀切，要以旅客方便为前提，以游客满意为中心，以增加收入扩大营运规模为目的，在运游结合的模式上可以探索以下几种模式：一是客运、景点一条龙的模式，公路客运企业和景区（点）合作，代理景区（点）门票，在车站或旅游集散中心专设旅游售票窗口，直接出售景区旅游交通套票，既包括车票，也包括门票，并施行价格优惠机制。二是客运企业与酒店联合经营，把交通跟住宿捆绑营销，以代订房的形式把车票与各酒店、旅行、机票等服务搭配起来包装销售。三是车票价格多档化，一个班车可能出现多种票价，可以分时段预售不同折扣的票价，这就需要交通管理和车站的票据管理人员从市场的需要出发来印制车票，采用网络化信息管理系统，既方便旅客，又能让旅客尝到运游结合的甜头。四是旅游班车的多样化，按假日和淡旺季，可以发送朝发夕归班，也可以发送周末假日班，还可以根据景点特发班，以满足各种旅客的需求，扩大运游结合的覆盖面。五是和旅行社联网经营，让旅行社放心大胆地去组织客源。

其次，加强旅游景区交通基础设施建设。由于乡村普遍交通基础设施薄弱，一些乡村旅游景区，一到节假日或者旅游旺季，交通运输基础设施紧缺的问题显得尤其突出，例如：江西婺源作为“中国最美乡村”，每年旅游旺季，由于停车设施的缺失，导致大量车辆停靠在路边，造成大面积交通拥堵，严重影响了游客的旅游体验。因此，加快农村旅游景区、人口密集区域的停车场、充电桩等基础设施建设，补齐交通基础设施短板，是推动城乡交通运输与旅游融合发展的根本保障。

（三）推动农村物流融合发展

农村物流是一个相对于城市物流的概念，它是指为农村居民的生产、生活以及其他经济活动提供运输、搬运、装卸、包装、加工、仓储及其相关的一切活动的总称。农村物流健康发展是农业生产资料供应和农产品流通的重要保障。推进农村物流健康发展，有利于进一步健全农业服务体系，促进农业产业结构调整和农业产业化经营，为农业现代化提供重要支撑。农村物流健康发展是提升城乡居民生活水平的重要途径。农村物流关系到城乡居民的日常生产生活，一头连着市民的“米袋子”“菜篮子”，一头连着农民的“钱袋子”，是重大的民生工程。推进农村物流发展能够有效构筑农产品和日用消费品在城乡间的流通渠道，推动城乡生产生活物资的平等交换和公共资源均衡配置，进一步缩小城乡差距，提高城乡居民生活质量。农村物流健康发展是降低全社会物流成本的有效举措。农村物流是现代物流体系的末端环节，由于基础弱、链条长、环节多、涉及面广，对全社会物流成本影响较大。近年来，交通运输部门、商务部门以及供销、农业等部门加大了农村物流的发展力度，农村物流取得了快速发展。2015 年，交通运输部等四部门印发了《关于协同推进农村物流健康发展　加快服务农业现代化的若干意见》（交运发〔2015〕25 号），强调要加强部门协同配合，促进资源优化配置和整合利用，推进农村物流健康发展。但是，目前我国农村物流发展仍然面临诸多问题：一是农村物流体系仍较为薄弱，流通渠道不畅，组织方式落后，服务水平较低，与农业现代化的要求存在较大差距。二是农产品“卖难”“买贵”的现象较为突出，农民增收困难和城市居民基本生活成本支出上升并存，城乡差距进一步拉大。三是由于各部门间政策缺乏协同，尚未形成推进农村物流发展的合力，导致资源整合利用不足，农村流通效率不高，物流成本居高不下。

1. 加快构建农村物流网络节点体系

农村物流网络节点体系包括县级农村物流中心、乡镇农村物流服务站、村级农村物流服务点三个层级，是农村地区重要的公共服务基础设施，也是支撑农村物流健康发展的先行条件，对于保障城乡物资双向顺畅流动、提升农村基本公共服务水平、支撑农业现代化发展具有重要作用。当前，我国农村物流网络节点不健全、布局不合理、资源不集约、功能不完善，导致农村物流效率低下、运行成本较高，已成为制约我国物流业健康发展的短板和农业现代化建设的薄弱环节。加强农村物流网络节点体系建设，是实现全面建成小康社会目标的客观要求，是破解制约农业农村发展瓶颈的重要举措，也是加快补齐物流业发展短板、降低城乡流通费用的重要抓手。各级交通运输主管部门要站在保障和改善民生、支撑农业现代化建设、服务国民经济发展大局的高度，采取积极有效措施，着力推进农村物流网络节点的集约化布局、标准化建设和规范化运营，为加快构建顺畅快捷、经济高效、便民利民的农村物流服务体系提供有力支撑。

首先，科学编制农村物流节点布局规划，做好统筹衔接。建立由县级交通运输主管部门与农业、商务、供销、邮政等多部门、多单位联合编制县域农村物流三级网络节点体系发展规划的工作机制，科学编制农村物流节点布局规划。深入分析农村物流的需求特征，充分利用交通运输、农业、商务、供销、邮政等既有农村物流资源，合理确定县、乡、村三级农村物流节点的数量、布局、规模、功能，力争实现县域内农村物流网络节点的全覆盖。在规划布局中，要突出功能整合、资源共享、因地制宜、优势互补。依托县公路货运站场、物流园区、工业园区等，建设(改造)县级农村物流中心；依托乡镇农村客运站、电商服务中心、邮政局(所)和农资站等，升级改造建设乡镇农村物流服务站，实现功能叠加和多站合一；依托行政村内的农家店、综合服务社、村邮站等，建设村级农村物流服务点，完善末端物流网络。

其次，要拓展农村物流站场功能。建立完善农村物流网络节点建设标准，做到层次清晰、规模适度、功能完善、设施齐备。县级农村物流中心原则上应当具备运输组织、信息交易、仓储服务、快递电商等功能区块，并根据实际需要增设冷链物流等其他专业化服务。乡镇农村物流服务站和村级农村物流服务点原则上都应涵盖快递收寄、电商服务、信息采集、便民服务等基本功能，乡镇农村物流服务站还应具备短时保管和接取送达功能。要强化三级节点之间的高效衔接，以及节点内各项功能的统筹设置，充分发挥网络节点体系的整体效应。

再次，要加强物流信息的共享与互联互通。县级交通运输主管部门应根据实际需求，制订农村物流信息化建设的总体方案。依托县级农村物流中心、农村物流经营龙头骨干企业网站或相关物流信息服务平台，建设或改造县级农村物流公共信息平台，实现县域内跨行业农村物流信息的互联共享和系统共建。依托信息平台建立身份认证和信用体系，为车货匹配等提供安全可靠的征信渠道。按照“统一标准、互联互通、强化应用”的思路，推进乡镇农村物流服务站、村级农村物流服务点的信息化升级改造，加强村级农村物流信息终端设备的标准化配置，完善农村物流末端信息网络，把农村物流终端服务推送到广大农户。

2. 增强邮政普遍服务能力

邮政普遍服务是国家基本公共服务的重要组成部分，是邮政业发展的立业之基。邮政网络是国家重要的通信基础设施、服务人群大、覆盖地域广，在保障通信安全、缩小寄递鸿沟、统筹城乡发展、促进消费公平、传递党的声音等方面发挥着不可替代的作用。近年来，我国邮政普遍服务能力显著增强，邮政普遍服务的发展取得了很大成绩。一是基础设施建设成效显著，网络规模不断扩大，“十二五”末，全国村邮站数量达到17万个，村村通邮的目标基本实现。二是普遍服务水平逐步提升，业务创新实现突破，包裹在直辖市、省会城市间10日送达比例接近95%，城区每日平均投递次数2次，农村每周投递次数5次，邮件投递深度以及邮政普遍服务满意度均达到了“十二五”邮政普遍服务规划目标。三是邮政服务类别不断拓展，邮政服务社会服务民生的领域不断拓展，邮政服务“三农”发展的形象深入人心，农资分销配送渠道更加畅通。四是业务转型和业务创新实现突破，初步建立了寄递板块和金融板块联动和业务协同机制，邮政小包、快寄、明天件、小蜜蜂邮包等新业务不断涌现。五是探索推行“互联网+邮政业务”模式，以农村邮政网点、邮政便民服务站、村邮站为节点，建设“邮掌柜”、惠民优选和“邮乐农品”频道，线上线下协同发展。但是，邮政普遍服务仍然存在诸多问题，与国家赋予的伟大使命不相符，与寄递业迅猛发展的形势不相符，与人民群众的期望不相符，与自身拥有的资源和能力不相符。主要体现在：一是邮政普遍服务速度不快、服务不优、传统业务全面加速下滑。二是邮政普遍服务改革的步伐滞后于市场变革的速度，业务创新和转型升级未取得实质性进展。三是邮政普遍服务保障监督的激励和约束作用有待加强。四是邮政普遍服务基础性公共服务的作用未得到充分发挥。五是邮政设施建设布局亟待优化，运行效率有待提升。因此，必须进一步增强邮政普遍服务能力。

首先，继续推进农村地区邮政基础设施建设，对农村地区邮政基础设施建设给予资金、政策扶持，明确邮政普遍服务基础设施建设的重点任务，推动邮政基础设施建设纳入地方城乡规划，发挥地方政府积极性，继续实施全国空白乡镇邮政局所补建，缩小农村与城市邮政基础设施差距，重点推进西部地区、贫困地区的邮政基础设施建设，加强邮政服务网点建设，不断完善普遍服务网络。扩大贫困地区邮政基础设施覆盖面，支撑服务精准脱贫。推动邮政基础设施建设与城乡建设规划、国土空间规划相衔接。

其次，完善邮政普遍服务终端服务体系。健全完善以“村邮户箱”为重点的邮政普遍服务城乡终端服务体系。因地制宜地推进农村村邮站建设。做好村邮站建设规划，明确村邮站建设及运营的责任主体，落实建设和运营保障资金，确保村邮站运转顺畅。积极推动村邮站与农村公共服务平台有机结合，延伸服务功能，叠加服务内容。落实《中华人民共和国邮政法》关于城镇居民楼信报箱建设的规定。积极开展已建城镇居民楼信报箱补建及更新工作，分期分批解决信报箱建设的历史遗留问题，切实保障城市投递到户。

3. 提升快递服务能力

近年来，随着我国电子商务的高速发展，电子商务在各类企业的运用迅速崛起，而我国的传统物流却无法满足当今高速发展的电子商务对物流的要求，使得快递行业快速增长。2015 年，全年快递业务量完成 206.7 亿件，同比增长 48%；快递业务收入完成 2769.6 亿元，同比增长 35.4%。快递业务收入占比继续提升。但是，当前我国快递行业仍然存在诸多问题。一是市场管理不到位。《中华人民共和国邮政法》和《快递市场管理办法》未对快递行业的具体业务、市场监管、延误损坏的赔偿细节和统一规范的赔付标准等进行明确规定，标准针对性不够强且在执行过程中也较难落实，当消费者权益受到侵害时，维权困难。二是服务质量有待提高。快递服务质量总体呈上升趋势，但“重前不重后”“快递成‘蜗递’”、霸王条款等问题仍较突出，服务质量堪忧；同时，因快递业务技术含量低，企业多数雇佣农村转移劳动力、失业人员等，缺乏工作技能、职业素质和岗位精神的培训，薪资待遇不高，导致员工流动性极大，严重影响服务质量。三是运营管理落后。运营模式以加盟为主，少数采用加盟和直营混合管理，加盟者向总部提交加盟费后自主经营，缺少经营管理指导，难以提升服务水平；另外，由于公司管理粗放，缺少战略规划，导致管理混乱、效益差，一些网点甚至关门。四是硬件设施及信息化水平差。快递车辆没有行业统一标准，快递公司综合使用以汽车、摩托车、电瓶车为主的交通工具进行配送，不能保证运送效率；缺少信息化设施设备，信息共享滞后，导致不能准确追踪和查询货物、货物无故丢失等，影响服务质量和效率。五是监管力度不够。由于需求的拉动，快递公司网络发展较快，营业网点激增，未严格考核网点的经营资质和实力，无力保证服务质量。国家邮政局是监管物流快递的主体，但各市区县未设监管机构，只设立分片区派出机构，已经不能对急剧膨胀的物流快递行业实行有效监管，出现收寄物品不查验、安防设施不到位、部分快递代办点无证经营等乱象。因此，必须全力提升快递服务能力。

首先，拓展快递服务网络。完善中西部、农村地区快递基础设施。引导快递企业合理规划中西部快递节点布局,加快中西部地区快递枢纽的建设和改造进程。加强资源整合共享与合作开发。鼓励快递企业间在业务量较小的乡镇和村合作建立服务网点开展快递服务。

其次,提高快递服务水平。健全农产品快递服务,鼓励快递企业积极服务农产品进城,探索与涉农电子商务企业等农产品网络销售渠道的有效对接,协同提供农产品从农村到城市、从经济欠发达地区到经济发达地区的快递服务。提升中西部、农村地区快递服务水平。引导快递企业完善中西部、农村地区网点建设标准和服务标准,加强服务监督。

4. 强化农村交通运输资源整合

推进城乡交通运输一体化发展涉及多种行业主体和多种资源,而且这些资源相对分散,且分别属于不同的部门和经营主体,资源的分散造成利用率不高,浪费现象比较严重。比如,一些地区的农村客运站利用率非常低,站门虚开,车坪空空,很少有客运车停靠、进出站内,进入站内候车的乘客也寥寥无几。客运站建好后形同虚设,利用率几乎为零。这既浪费了公共资产和资源,也没有发挥其应有的作用。而同时,邮政部门又在设立村邮站和邮政通村站,造成多种资源的浪费。因此,必须要加强农村交通运输资源的整合。

首先,建立有利于资源整合的体制机制。制定有利于农村交通运输资源整合的激励机制,激励企业和经营者加强合作,共享资源,帮助企业或运营者降低经营成本。

其次,推进城乡交通运输"路、站、运、邮"协调发展。按照"多点合一、资源共享"模式,加快集客运、货运、邮政于一体的乡镇综合客运服务站点建设。

再次,引导交通运输、邮政、商贸、供销等物流资源的整合,促进农产品进城和农资、消费品下乡双向流通。

最后,促进农村物流、邮政快递和电子商务融合发展。引导市场主体对接农村电商平台,积极参与农产品网上销售、流通追溯和运输配送体系建设。

(四)营造城乡交通运输一体化发展良好环境

1. 完善城乡交通运输一体化管理体制机制

推进城乡交通运输一体化发展既是一项当前亟待加强的重要工作,又是一项长期而复杂的系统工程。首先,推进城乡交通运输一体化必须要落实地方政府主体责任,争取地方政府支持,将城乡交通运输一体化工作列入重要议事日程,并将城乡交通运输一体化水平纳入当地全面建成小康社会指标或年度工作目标。探索建立地方政府领导下的,由交通运输部门牵头,交通运输、发展改革、财政、公安、国土、城乡住房建设、农业、商务、扶贫、邮政、供销等多部门参加的城乡交通运输一体化发展联席会议制度,加强沟通协调,明确责任分工,形成工作合力。其次,要建立城乡交通运输一体化考核评价指标体系,对各地的城乡交通运输一体化发展水平进行评价,同时加强评价结果的应用,争取将城乡交通运输一体化评价指标列入对地方政府的考核指标体系中,强化地方政府的责任,调动地方政府积极性。

2. 创新城乡交通运输一体化投融资机制,拓宽城乡交通运输发展资金渠道

发展资金短缺一直是困扰城乡交通运输一体化发展水平的关键因素。从当前的发展情况上来看,城乡交通运输一体化发展较好的地区往往是发展资金较为充足的地区,而贫困落后地区的城乡交通运输一体化发展往往较为滞后。如何利用有限的资金来推动城乡交通运输一体化发展,是对当前我国城乡交通运输一体化工作的重大挑战。因此,必须创新投融资机制,拓宽城乡交通运输发展资金渠道。首先,充分发挥和利用好现有财政资金,落实各项优惠政策和补助政策,提高资金的使用效率,尤其是要利用好农村客运成品油价格补助政策,提高城乡客运经营的积极性,引导城乡客运健康可持续发展。其次,要发挥好中央专项资金、地方财政一般公共预算的引导和杠杆作用,吸引社会资金投入到城乡交通运输一体化发展中来,鼓励和引导金融机构开发专项金融服务和产品,为城乡交通运输一体发展提供优质和低成本的融资服务。再次,积极推动建立政府购买城乡交通运输公共服务制度,政府通过公开招标、定向委托、邀标等形式将原本由自身承担的农村公路、农村客运等服务转交给社会组织、企事业单位履行,以提高公共服务供给的质量和财政资金的使用效率,改善社会治理结构,满足公众的多元化、个性化需求。

3. 加强事中事后监管

党的十八届三中全会提出进一步简政放权,深化行政审批制度改革,这是对全面正确履行政府职能的定位与要求。近年来,中央政府先后取消下放了很多行政审批权限。简政放权,就是要处理好政府与市场两者之间的关系,把该放的权力放掉,把该管的事情管好。通过简政放权,激发市场主体发展活力和创造力,政府不再管“管不了的事”和“不该管的事”。放权不代表政府职责的减少,相反责任更加重大,重点更加明确。“政府要加强发展战略、规划、政策、标准等制定和实施,加强市场活动监管,加强各类公共服务提供。加强中央政府宏观调控职责和

能力，加强地方政府公共服务、市场监管、社会管理、环境保护等职责。”这就要求政府应重点加强事中事后监管。行政审批权的取消和下放，意味着市场的自由裁量权更大，政府的监管职责更重。职责的加重，体现在对市场的反应要更加灵敏，对市场行为的预判要更加准确，这对政府的效率提出更高要求。效率的提高，体现的不仅是能力，更是对人民负责的态度。从这个角度来讲，简政放权是政府对自身的更高要求，也是从行动上支持全面深化改革。城乡交通运输一体化方面加强事中事后监管，主要做好以下几方面工作：

首先，加强城乡交通运输行业信用体系建设，建立城乡交通运输行业信用建设的标准体系，建立行业信用信息系统，建立健全相关市场主体信用记录，纳入全国信用信息共享平台。信用信息评价结果在交通运输各领域各环节得到有效应用，守信激励和失信惩戒机制切实发挥作用，逐步建立跨部门、跨行业的信用奖惩联动机制。

其次，建立完善城乡交通运输服务水平评价制度，加强评价结果的公布与应用。研究建立城乡交通运输一体化评价指标体系，并在全行业推行，规范评价流程，建立评价激励机制。对城乡交通运输一体化发展水平较高，发展较好的地区，在农村公路安保工程、农村客运场站等基础设施建设和其他政策安排上向城乡道路客运一体化发展水平高或推进成效明显的市县倾斜；对城乡交通运输一体化工作成果突出的地区予以表扬。

再次，发挥公众监督作用。充分利用“12328”服务热线、邮政业消费者申诉受理渠道等，受理社会公众的投诉和举报，发挥社会公众监督作用，提高城乡交通运输一体化服务水平。

最后，要完善城乡交通运输领域的退出机制，对于经营行为不规范、不履行普遍服务责任、存在重大安全隐患和突出交通违法行为的经营主体及其车辆，要依法严格处理，对于符合退出条件的，严格执行退出。

4. 完善相关政策法规保障体系

法律是治国之重器，法治是国家治理体系和治理能力的重要依托。党的十八届四中全会提出了全面依法治国的战略，同时印发了《中共中央关于全面推进依法治国若干重大问题的决定》，推进城乡交通运输一体化必须要在法治的框架下进行，必须要完善相关政策法规保障体系。而当前，城乡交通运输领域的法律法规体系还不健全。主要体现在：一是部分法律法规体系缺失，如城市公共交通行业还缺乏上位法的指导，导致城市公共交通无法可依，《城市公共交通条例》推进进程缓慢;二是部分法律法规跟不上行业的发展需要,如《中华人民共和国道路运输条例》和《道路旅客运输及客运站管理规定》中,部分内容已无法适应当前城乡客运融合发展,及城际公交、城乡公交等发展的新要求;三是法律法规执行效果不理想,如《中华人民共和国道路运输条例》中规定道路客运的经营权期限是 8 年,但现实情况是,道路客运班线经营权到期,大多数仍然许可给原来的经营者,导致经营者缺乏提高服务质量的动力。四是部分法律法规规定造成城乡交通运输各领域独立发展,二元结构的问题较为突出,如《道路旅客运输及客运站管理规定》中将道路班线和旅游包车又划分为省际、市际、县际和县内等,道路客运领域划分太细,而且不同类型的车辆还不能合理调配,严重影响了企业自主调配资源、自主经营的权利。因此,必须要完善相关政策法规保障体系。

要加快推进城乡交通运输一体化服务的法治化、标准化进程。积极推进修订《中华人民共和国道路运输条例》和制定《城市公共交通条例》等相关法规,完善配套规章制度。研究制定城乡交通运输一体化配套标准和相关技术政策。

(五)保障城乡交通运输安全

交通运输安全生产工作,事关人民群众生命财产安全,事关经济发展和社会稳定,是必须坚守的底线、不能触碰的红线。随着我国经济社会的发展,对城乡交通运输安全工作提出了新的更高要求。推进城乡交通运输安全体系建设,是贯彻落实党中央、国务院关于安全工作部署的重要举措,是建设“平安交通”的客观要求,是依法加强交通运输安全生产和监督管理、提高安全发展水平的必然选择。

首先,建立城乡交通运输安全保障机制。发挥县乡人民政府的组织领导作用,健全农村交通安全防控网络,大力推进乡镇交管站(办)、农村交通安全劝导站和乡镇交通安全员、农村交通安全劝导员建设、培训,切实履行好安全监管、监督责任。建立完善道路通行条件和农村客运线路联合审查机制。加强农村公路设施巡查,及早发现农村公路设施隐患,妥善处治。

其次,强化企业安全生产主体责任,强化部门联动,密切分工协作,督促企业严格落实安全生产主体责任,加大安全投入,加强从业人员培训教育,切实提高安全服务水平。

再次,积极推进城乡交通运输安全标准化管理,积极推广应用乡村营运客车标准化车型,加强渡口渡船安全管理,推进渡口渡船标准化。

第七章　城乡交通运输一体化推荐模式和发展路径

本章在分析统筹城乡交通运输协调发展的典型案例的基础上，提炼各地积极推进城乡交通运输一体化的经验，针对城乡交通的基础设施一体化、客运一体化和物流一体化三个方面，总结了有效推进城乡交通运输一体化发展的新举措、好方法，为各地推进城乡交通运输一体化发展提供了具体的模式参考，分析了各推荐模式的发展路径。

一、城乡交通设施一体化发展推荐模式和发展路径

（一）农村公路“建养一体化”服务采购模式

近年来，我国全力推进“四好农村路”建设，不断深化农村公路管理养护体制改革和投融资体制创新，农村公路得到了突飞猛进的发展，对区域经济增长、脱贫攻坚起到了较大的引领作用。但是，各地农村公路交通历史欠账较多，各级政策财力有限，农村公路“建管养”资金的需求依然存在较大缺口，建设任务异常艰巨。为破解发展中的难题，可采用农村公路“建养一体化”服务采购模式，创新农村公路的建设养护管理模式和投融资体制机制，走出一条加快农村公路建设和管理养护的发展新路。

1. 模式操作方法

农村公路“建养一体化”服务采购模式，是将农村公路项目“打捆”纳入各级

规划的农村公路项目库，建设的重点通常为建制村通沥青（水泥）路、撤并建制村通硬化路、县乡道改造等几个类别，通过公开招标引入社会资本（一般为有较强专业技术能力的建设企业），由社会资本承担项目的实施（含资金筹集、总承包施工）及交工验收后5年的养护服务工作（含2年质量责任缺陷期养护和后3年养护工作），政府依据项目建设及养护绩效评估情况，支付“改造+养护”费用，服务期满后，公路交还地方政府。

2. 资金来源及支付方式

农村公路“建养一体化”服务采购模式的资金主要由中央资金、省级财政补助、地市政府及县（市、区）政府投入的建设资金和5年养护资金构成。服务费支付前进行绩效评估，根据项目交工验收质量和养护年度内养护技术状况评定结果，确定政府应交付的服务费用。项目状况指标达到合同要求时，按合同全额支付服务费。项目状况指标低于合同要求时，根据合同规定调减当期服务费后支付。交工验收前支付比例控制在应付工程款的50%以内，交工验收后支付比例不超过应付工程款的60%，交工验收合格后应付而未付的工程款在后5年养护服务期内按比例支付，年度支付尾款比例分别为30%、20%、20%、15%、15%。5年服务期养护资金按“好路率”考核指标比例据实支付。未全额支付部分的养护费和工程费发包人将不再予以支付。

3. 实施效果

一是推进“建养一体化”有利于发挥社会资本的力量，缓解地方筹资压力；二是有利于发挥大型建设企业的技术、管理和设备设施等集团化优势，缓解地方技术力量不足，保证项目建设监督和质量；三是有利于精简程序，提高工作效率；四是有利于降低工程建设廉政风险，主动接受社会监督。因此，“建养一体化”模式可使各级交通运输主管部门各司其职，采取超常规举措协同推进，加速农村公路建设提质升级，加大农村交通基础设施建设投入，完善农村公路管养措施，更加有效地提高城乡运输服务水平，推进“建、管、养、运一体化”的发展。

（二）“路、站、运、养”一体化养护机制模式

“路、站、运、养”一体化机制模式，是以完善农村客运基础设施建设养护机制，来破解农村客运站亭启用后的后续管养难题。可将农村客运候车亭纳入统一管理和养护，管养资金纳入政府财政预算，并确定将农村候车亭管养纳入地方公路

管养范围，由属地公路养护道班对沿线农村客运候车亭一并进行日常管养。同时可将农村客运候车亭的管养引入市场机制，交由广告公司承租候车亭的保洁和维护，以此种方式解决经费不足部分（但广告内容由主管部门以合同方式限定）。通过对农村客运站场及候车亭的建设管养、经营管理主体、经营方式、政策扶持、资金补助等要素进行调研摸索，并予以规范化、制度化，建立农村客运站亭系统化管理的长效机制。

（三）建立多元化的城乡交通站场投入机制

按照“谁投资、谁受益”的原则，建立多元化的城乡交通站场投入机制，引导实力较强的运输企业整体打包投资建设城乡交通服务保障网络。受益的乡镇、村以地换站（亭）等多种形式筹集资金，并以各级政府的补助作为站场建设的政策性扶持，支持引导企业根据农村地区生产、生活客观条件和需求特点，建设标准适应的乡镇客运站场体系。建成后的场站可由企业负责建设、运营、管理。

二、城乡客运一体化发展推荐模式和发展路径

（一）全域公交一体发展模式

全域公交一体发展模式适用于城乡一元型的完善发展区域，借鉴“打破城乡区域界限，实现市域内城乡公交全覆盖”的经验做法，采取特许经营模式，按照规定的线路、车辆、时间、站点、票价“五定”，按照经营主体公司化、经营方式公交化、经营行为规范化、城乡服务均等化“四化”，按照统一管理主体、统一规费政策、统一营运车型、统一营运标识、统一调度排班、统一服务标准“六统一”进行客运线路组织运营。

此模式针对城乡一元型地区，主要适应那些市域地理环境不太复杂或行政区域范围不太大的城市或局部区域。要求城市城镇化水平较高，城乡经济发展较均衡，城乡联系紧密，人员往来频繁，城乡居民出行需求比较趋同，社会经济总体发展水平较高。

1. 设施建设

1）道路网络

全域公交一体化发展模式中，普通国省道和城市道路作为运输通道性交通基

础设施，构成道路网络的主体，在城市中心带动小城镇、统筹区域发展方面发挥巨大作用。因此，该模式中，要求普通国省道通达度广，覆盖所有乡镇，县域内成网，连接区县城区所辖乡镇；技术等级结构合理，国道达到二级以上、省道达到三级以上，实现中心城镇对外通道畅通高效，服务水平较高；干线路网对核心性中心城镇多路连通，可靠度高，实现县城区其他有条件的中心城镇两条以上普通国省道连通；实现中小城镇与周边重要经济实体的连通，小城镇通达能力强。

目前，我国存在城市道路体系和公路网两种相对独立的体系，县区在发展全域公交一体化发展模式时，应建立统一的管理机制，公路与城市道路在建设衔接上标准统一，两套交通运输体系进行整合，建立一体化的功能道路运输体系，尤其针对公路而言，在新改建时同步配备以城乡公交为发展导向的城乡客运设施，如港湾式停靠站、硬路肩、标志标牌等。同时城市规划区内以及贴近城市近郊区的区域新建注重预留道路管线等城市道路改造的空间。城乡结合部为公路与城市道路衔接过渡区域，在进行公路设计建设时必须采取逐步变化的方式，避免出现技术标准的突变。

总体来说，发展“全域公交一体化发展模式”的区县，新建道路要根据客运需求对客运设施进行一体化规划、设计、施工，城市拓展区的道路应按城乡公交开行要求进行改造；考虑不同运营模式的特点，突出以人为本、服务民生的发展理念，强调客运网络对主要客源点的服务强度，城市规划区内按城市道路标准建设，非城市规划区内按城市道路的功能和要求改造，包括设站、加路肩、人行道等。

2）场站枢纽设施

城乡客运作为一个由人、车、路、站组成的系统，其网络化的特征要求各部分紧密关联，才能保证客运系统的高效运转。因此，客运枢纽设施是城乡客运系统的硬件基础。在此，以城乡客运站统称城市和农村区域内的各类客运枢纽设施。城乡客运站包括客运枢纽站和客运停靠站两大类。客运枢纽站是城乡客运站系统的重要环节，是为旅客提供中转、集散等服务的综合性客运服务场所。客运停靠站是指设置在客运线路上、供客车上下旅客使用，一般无正式站房设施。

全域公交一体化发展模式的城乡客运站的布局选址，要与片区客运需求相协调，与节点重要度的分析相一致，符合全域公交客流集散特点。在城乡客运集散点上规划建设客运站，在其他客运节点上，根据其重要度的评价指标，选择港湾式停靠站、站牌等形式，最大限度地满足城乡居民出行要求。

3）线路布局模式

随着农村经济的快速发展，人口、物流、资金流的快速流动，发展全域公交一体化发展模式的区域生产力分布与生产格局进一步调整，客运流向与流量也产生变化，需要一种密度较大的网络运营模式，特别是增加区域内相邻节点之间的直达客运线路，最终形成网络。因此，全域公交一体化发展模式的城乡道路客运，多适合使用多中心网络化运营模式（图 7-1）。

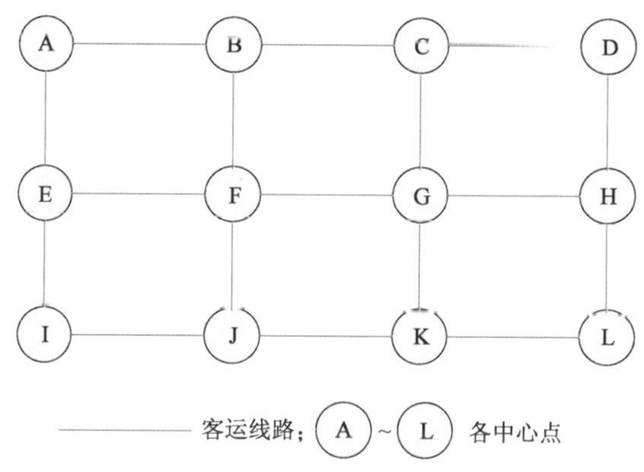

图 7-1　多中心网络化运营模式

这种模式具有如下特点：客源稳定、客流量大、客流集中；客运线路覆盖率高，城乡居民出行便捷。该模式有利于促进地区内部经济快速发展，同时通过网络的外延，还可加强与其他区域经济网络联系，促进区域经济协调发展。

2. 服务效果

1）安全服务

采用全域公交一体化发展模式，应以安全性为前提，要参考相应交通安全技术规范和发展经验，在公交线向城市外围区即原农村客运覆盖地区延伸过程中，其安全性标准按《城市道路交通规划设计规范》执行，根据实际道路情况，采用安全、节能环保车型，并装备 GPS、救援设备（破窗锤、灭火器）等安全防护设施设备；根据本区域发展特点，运营主体必须为具有成熟客运管理经验的大中型客运企业，具有较强的抗风险能力和运力资源调配能力；从业人员必须具备高中以上学历、三年以上的驾驶经验、无重大交通责任事故、具有娴熟的驾驶技能等，保证从业人员具有较高的安全防范意识。

2)便捷服务

此模式推荐发展全域公交一体化,因此,尽量做到城市公交站点或公交化运营的班线站点500m半径内全覆盖。做好区域内部城乡道路客运站点与对外客运枢纽之间的衔接,做换乘距离小于500m或者换乘时间小于5min。

3)运输调度

建立联网联控系统,实现智能化、科学化、规范化的车辆调度管理,加强道路安全监管与救援等,提高企业组织管理、安全生产水平,提高城乡道路客运体系运输能力。

4)车辆配置

根据道路条件和客流需求,配置与其发展相适应的城市公交车辆;普及IC卡装置,实现刷卡收费;结合加气站建设及管网布设规划,建议有条件的区县推广和配置节能环保车辆;提高城乡道路客运车辆服务水平。

在运行过程中,执行城市公交核载标准。

5)票价服务

实行低票价票制,行政区域内市区、城乡及镇村等所有公交线路,均采用普遍服务定价,五类人群免费乘车的优惠政策。

3. 运营管理

1)运营组织模式

服务体系:全域公交一体化发展模式的服务体系,是一个由不同等级的公交化客运线路体系、不同类型的城乡客运站场体系构成的不可分割的客运网络系统。客运线路和站场,需要结合出行需求特点与专业技术要求,进行分级分类。

运输组织方式:公交经营模式。依照城市公交的运营模式,滚动发班,发班间隔较短,沿途按站停靠。特点如下:

(1)实行低票价票制。

(2)运营实行定线路、定班次、定时间、定票价、定站点;统一排班、统一调度、统一结算、统一票价。

(3)载客人数在现有规范的基础上有部分突破,运行在具备条件的公路上的城乡公交允许有适当站位。

2)经营管理模式

全域公交一体化发展模式中,应以具有成熟客运管理经验的大中型道路客运企业为主体,对没有上述企业进入的部分区县,有条件者可以通过引进类似企业或者以原有企业进行公司化改造,统一经营主体,实行规范化、集约化管理。

3)政策体制管理

政府采取的主要措施:

(1)坚持"大交通、大公交"的理念,以政府为主导,联合多部门推进城乡公交一体化,并将此项工作列入政府民生工程或惠民工程。

(2)开展对农村客运的公交化改造,实行片区经营。

(3)城乡公交实行基本趋同的补贴补偿标准。

(4)制定统一的管理办法、服务标准和考核标准。

各类客运服务的经济属性:行政区域内公交市场所有的客运服务,均定位为公益性服务,政府根据企业的客运服务质量考核成绩,以及企业实际经营情况,对于企业守法经营过程中产生的政策性亏损,给予必要的补贴。

发展策略或路径:推进公车公营,实施特许经营。建议特许经营选择模式或区域专营模式。

(二)城乡客运协同发展模式

城乡客运协同发展模式是在城乡发展处于城乡融合型的稳步发展区域,借鉴"城市公交与农村客运有效对接,实现分区、分级经营"的经验做法,首先划分区域,对城市拓展区、城乡结合区及镇乡结合区,采取特许经营模式,按照"四化""五定""六统一"要求,推进城市公交全覆盖,发展城市公交延伸和农村客运公交化模式;农村地区,采用区域经营,特色班车经营等经营模式,按照规定的区域、时间、站点、票价"四定",按照经营主体公司化、经营方式公交化、经营行为规范化、客运服务标准化"四化",以及按照统一管理主体、统一规费政策、统一营运车辆、统一营运标识、统一调度排班、统一服务标准"六统一"进行客运线路组织运营;最主要的是,要特别注重城市公交与农村客运之间的融合,做好两个体系之间的衔接。

城乡客运协同发展模式主要适用于城市化快速推进、农村经济较快发展,但城市和农村仍相对独立,城市开始向城郊快速拓展,在城乡结合区农村客运线路和公交线路有所重合的城乡融合型地区。

1.设施建设

1)道路网络

采用城乡客运协同发展模式的县区,县域道路网络主要包括城区—中心镇、中心镇——一般乡镇、乡镇—行政村及重要节点三个层次，是实施统筹城乡交通传递任务的主体。采用此模式的县区，道路基础设施发展相对完善，公路交通基础条件较好，客运需求较为旺盛。发展时，应对其城市外围道路进行城市化改造，对农村道路基础设施加快提档升级，重点进行安保设施健全化建设，考虑不同运营模式的特点，强调客运网络对主要客源点的服务强度和广度，加快推进该区域内乡镇公路联网工程，提高联系小城镇与上级节点公路的技术等级，中心镇和有条件的一般镇按照三级及以上标准控制，打破以前以县城为中心的辐射状分布，促进农村居民之间的交流。

城市建成区按城市道路标准建设；城市外围按城市道路的功能和要求进行改造（包括设站、加路肩、人行道等）；农村区域内公路路基宽度、路面宽度达到通农村客运要求，危险路段必须安装防撞护栏等。

2）场站枢纽设施

城乡客运协同发展模式的城乡客运站的布局选址，不仅要考虑与所服务区域的发展方向一致，还要考虑其建设对该区域的能动影响，明确客运站的建设与区域发展的互动关系。在场站的布局上应充分考虑有效的衔接换乘，方便旅客的中转与换乘，特别注意城乡结合部农村客运与城市公交之间的有效衔接，充分利用城市公交、道路班线、农村客运各种站点设施，结合线网分布状况，按功能层次合理布局换乘枢纽，改善换乘设施，实现城乡客运站场设施的有效对接。其次，城市公交与农村客运在站场的硬件设施标准方面存在较大差异，要实现城乡客运协同发展，必然面临对城市尤其是城乡结合部、农村区域的站场和站点统一建设标准的问题。

3）线路布局模式

城乡客运协同发展模式中，多以各重要节点（通常为重要乡镇或客流较集中的村庄）为中心，线路向辐射的一般节点（通常为客流量较小的村庄）呈放射状，因此，适合使用以重要节点为中心的区域型运营模式。这种模式是基于放射型运营模式，依据行政区域和线路走向，针对乡镇内部客流量较大的节点而开行的客运环线，即该模式是从起点站转载乘客，沿途按停靠站停靠，最终返回起点的运营模式。

这类模式的特点有：客运量较大、客流较集中，回避了放射型线路返回时客流量较小的问题，降低了一定的运营成本；客运线路覆盖率较高，城乡居民出行相对便捷。如图7-2所示，图中1－C－D－2－1是一条从重要节点1点始发的客运环线，经C、D、2点后回到重要节点。

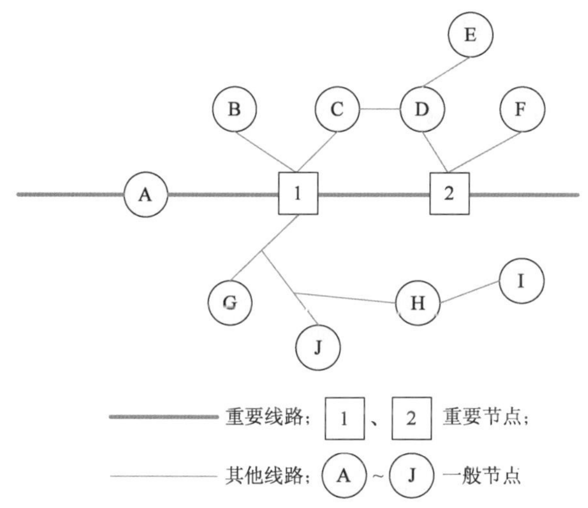

图7-2　以重要节点为核心的区域型运营模式

2. 服务效果

1）安全服务

在公交线向城市拓展区、城乡结合区以及部分条件成熟的组团、中心镇延伸的过程中，其安全性标准按《城市道路交通规划设计规范》执行，班线客运安全标准按照《中华人民共和国道路交通安全法实施条例》执行；根据实际道路情况，采用安全车型，并装备GPS、救援设备（破窗锤、灭火器）等安全防护设施设备；根据各区域发展特点，运营主体必须为具有成熟客运管理经验的大中型客运企业，具有较强的抗风险能力和运力资源调配能力；从业人员必须具备高中以上学历、三年以上的驾驶经验、无重大交通责任事故、具有娴熟的驾驶技能等，保证从业人员具有较高的安全防范意识，减少交通事故的发生。

2）便捷服务

此模式中，尽量做到城市拓展区、城乡结合区及镇乡结合区，城市公交站点或公交化运营的班线站点500m半径内全覆盖；其他地区做到农村班线站点2km半径范围全覆盖。做好区域内部各类城乡客运站点之间的衔接，做换乘距离小于500m或者换乘时间小于5min。

3）运输调度

城市建成区、城市拓展区、城乡结合区及镇乡结合区基本实现公交化的车辆调度管理,农村地区仍采用班线车辆调度。

4)车辆配置

在城市拓展区、城乡结合区及镇乡结合区,根据道路条件和客流需求,配置与其发展相适应的城市公交车辆;其他区域,合理选择合适农村地区自然条件、交通基础设施、经济发展水平的道路客运车辆。

城市拓展区、城乡结合区及镇乡结合区运行的车辆,执行城市公交核载标准,允许有站位;其他区域运行的车辆,按座位数核载人数。

5)票价服务

城市公交实行一票制或计程收费制(按计费区收费),采用普遍服务定价,农村客运实行计程收费制(按实际乘距收费),采取经营性服务定价。

城乡公交、农村客运均享有低票价和五类人群免费或优惠乘车的政策扶持。

3.运营管理

1)运营组织模式

服务体系:由三个网络系统构成。城市客运网络系统、城乡客运网络系统,镇村客运网络系统。各系统有效衔接,实现分区分级经营。

运输组织方式:

(1)在对接点实现城乡交通换乘衔接。

(2)农村客运线路根据发展水平逐步进行公交化改造。

(3)改造后的农村客运实行公司化经营、公交化运作、规范化管理;按照定线、定班、定站、定票价、定经营期限运行;统一管理主体、统一规费政策、统一营运车型、统一运营标识,统一调度排班、统一服务标准。

2)经营管理模式

城乡客运协同发展模式中,以具有成熟客运管理经验的大中型道路客运企业为主体,对没有上述企业进入的部分区县,有条件者可以培育地方大中型企业或者引进类似企业统一经营主体,实行规模化、集约化管理。

3)政策体制管理

政府采取的主要措施:

(1)分别界定城市公交和农村客运公交化经营的范围,明确各自的线路长度和经营范围、公益职能、票制票价、管理标准(核载标准)、财税政策。

(2)实行分区、分级经营。

(3)对于公交需求迫切的城郊或农村区域和线路,采用公交化改造方式,整合道路客运与城市公交。

(4)统筹规划建设城市公交与农村客运的换乘站点,城郊区的车辆退出中心城区,城市公交车退出城郊区,在对接点实现换乘衔接。

各类客运服务的经济属性:行政区域内城市客运网络系统、镇村客运网络系统提供的客运服务,定位为公益性服务,政府根据企业的客运服务质量考核成绩,以及企业实际经营情况,对于企业守法经营过程中产生的政策性亏损,给予必要的补贴。城乡道路客运网络系统定位为经营性服务,政府按竞争性业务进行市场管理。

(三)城乡客运服务全覆盖模式

城乡客运服务全覆盖模式是在城乡发展处于城乡二元型发展的区县,借鉴农村客运全覆盖发展方式的经验做法,鉴于各区县农村地区经济发展水平及客运需求的不同,对城市拓展区、城乡结合区、乡镇结合区以及人口相对密集、道路条件较好的农村地区选择区域经营、特色班车经营等经营模式,发展较快区域推进农村客运"公交化";对其他农村地区,采用区域经营、特色班车经营、捆绑经营等多种经营模式,按照规定的线路、车辆、站点、票价"四定",按照经营主体公司化、经营方式公交化、经营行为规范化"三化",按照统一管理主体、统一规费政策、统一营运车辆、统一营运标识、统一调度排班、统一服务标准"六统一"进行客运线路组织运营。以"城乡等值"为核心理念,充分考虑本级行政区域内城乡居民间以及不同经济发展水平的农村居民间出行需求特征的差异性,因地制宜,选择多种客运服务方式以满足城市、镇村交通基本公共服务需求以及城乡居民日常出行交流的需要。

城乡客运服务全覆盖的发展模式,主要适用于市域地理环境比较复杂或行政区域范围较大、城乡发展非常不均衡,整体社会经济发展水平偏低的城乡二元化区县,且农村居民出行需求较弱,客源少且不稳定。

1. 设施建设

1)道路网络

采用城乡客运服务全覆盖模式的区县,客运需求较不稳定,基础设施建设要考虑不同运营模式的特点,要强调对主要客源点的服务广度,覆盖率在规范值和本区域经济水平参考下宏观匡算,加快推进该区域内中心镇、一般镇到行政村,以及重点节点的公路建设,有条件的区域加强行政村到自然村的公路基础设施,结合区域内部干线交通网络布局,加强农村交通与骨干网络的互通。优先安排交通量大、连接城镇乡村多、人口相对集中的重点路段的农村公路建设和改善。加大对连接农村学校、医院等交通基础设施的支持力度。

城市建成区按城市道路标准建设,城市外围按城市道路的功能和要求进行改造(包括设站、加路肩、人行道等);农村区域内公路路基宽度、路面宽度达到通农村客运要求,危险路段必须安装防撞护栏等。

2)场站枢纽设施

城乡客运服务全覆盖模式发展区县的城乡客运站布局选址,要与该区域道路网络规划一致,确保有可提供城乡客运站发展的基础设施平台,一些站点的建设要纳入道路的新建或改建计划之中,强化换乘设施的同步规划、建设与运行。选址宜优先考虑原换乘节点,通过对自然或者历史原因形成的换乘点的改扩建,最大限度地符合居民出行习惯,提高居民换乘便利性。

3)线路布局模式

城乡客运服务全覆盖模式中,大多节点分布较分散,基于城乡居民出行特征及农村地区小城镇体系结构形态,城乡客运多是镇—村间的短途客运,客运线路多以重要节点(通常为乡镇)为中心,向周边各一般节点(通常为村庄)呈放射状布局形态,实现城乡居民到村之间快速通达,这种模式是目前应用较为广泛的模式之一,这种模式主要适用于地区经济水平相对较低的农村地区(图7-3)。

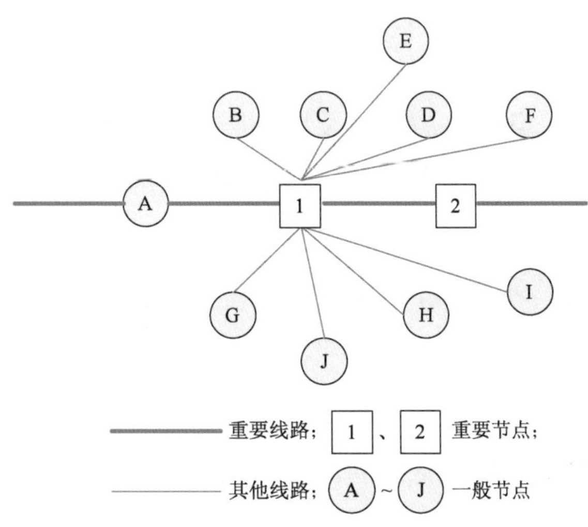

图7-3 以乡镇为中心的放射型运营模式

这种运营模式的特点有:客运量较小、客流较集中,出行时空特征明显;客运线路覆盖率较低,城乡居民出行较为不便;开行方式较灵活,依据行政村的经济发展水平、出行需求等实时开通,采取"成熟一条开通一条"的开行方式。

2.服务效果

1)安全服务

城乡客运服务全覆盖模式中,鉴于城乡客运的基础安全设施不完备,而且受地形的约束限制较大,为提高营运的安全性,所配车型应属于安全车型,并装备GPS、救援设备(破窗锤、灭火器)等安全防护设施设备;根据本区域发展特点,运营主体必须为具有成熟客运管理经验的大中型客运企业,具有较强的抗风险能力和运力资源调配能力;从业人员必须具备初中以上学历、三年以上的驾驶经验、无重大交通责任事故、具有娴熟的驾驶技能等,保证从业人员具有较高的安全驾驶水平和防范意识,减少交通事故的发生。

2)便捷服务

此模式中,尽量做到各类客运站点2km半径范围全覆盖。做好区域内部各类城乡客运站点之间的衔接,换乘距离小于800m或者换乘时间小于10min。

3)运输调度

一般条件下,实行企业较为规范化的班线车辆调度管理;有条件区县可实现公交化的车辆调度管理。

4)车辆配置

合理选择适宜农村地区自然条件、交通基础设施、经济发展水平的客运车辆。

按座位数核算人数。

5)票价服务

行政区域内市区公交、镇村公交、农村客运班线,采用普遍服务定价,除此之外的客运服务采取经营性服务定价。

农村客运享有低票价和五类人群免费或优惠乘车的政策扶持,实行计程收费制(按实际乘距收费)。

3.运营管理

1)运营组织模式

服务体系:由两个网络系统构成,包括城市客运网络系统、乡镇村客运网络系统,实现城乡客运全覆盖发展方式。

运输组织方式:城市客运网络系统采用公交运输组织方式,农村客运网络系统采用镇村公交、农村客运班线或经公交化改造的班线、特色运营等多种运输组织方式。特点如下：

(1)大多实行区域经营。

(2)车型结合地形和道路条件,因地制宜采用合适的车型。

(3)针对城乡居民的出行需求,采用有针对性的客运特色组织方式。

2)经营管理模式

以具有成熟客运管理经验的国资中大型道路客运企业为主体,对没有上述企业进入的有条件区县,可以培育地方国资企业或者引进类似企业,统一经营。

3)政策体制管理

政府采取的主要措施：

(1)实行政府主导、市场运作、社会参与的模式,吸纳民营资本修建改造道路和从事农村客运。

(2)出台农村客运管理办法和资金补助方案。

各类客运服务的经济属性:行政区域内城市客运网络系统提供的客运服务以及农村客运网络系统中的镇村公交、农村客运班线等,定位为公益性服务,政府根据企业的客运服务质量考核成绩,以及企业实际经营情况,对于企业守法经营过程中产生的政策性亏损,给予必要的补贴。农村客运网络系统中除镇村公交、农村客运班线外的客运班线,或经公交化改造的客运班线,定位为经营性服务,政府按竞争性业务进行市场管理。

发展策略或路径:在政府财政能力严重不足、政府无法给予财政资金补贴的情况下,政府通常会采用一定的行政手段进行资源配置,以提升城市客运与农村客运的服务质量。如经济欠发达地区的交通运输主管部门,通过分片经营、冷热线搭配以及政府定价等行政手段,保障区域内各地居民相对均衡的城乡客运服务供给。

三、城乡物流一体化发展推荐模式和发展路径

(一)县、乡、村三级物流网络体系模式

1.城乡物流网络体系

县、乡、村三级物流网络体系模式是以“中心、站、点”三级管理服务层次为载体的县、乡、村三级城乡物流服务综合体系。县城设城乡物流服务中心,乡镇设城

乡物流服务站，村设城乡物流服务点，中心、站、点依据各自功能分工明确、规范运作、高效便民。可在县运管所建设物流信息服务中心，负责对全县城乡物流发展的规划、指导，对站、点实施有效的监督指导、规范协调，以及发布更新农产品和农资等的供求信息、车辆信息、运输信息等；物流信息服务站根据本区域内的城乡物流发展实施组织管理、信息点的监督管理、二级纠纷调解，以及收集上报片区内车、货需求信息等；村级物流信息服务点选择经验丰富、素质较高的农村经纪人确认为信息员，及时收集反馈各类需求信息。

1）县级城乡物流服务中心

县级城乡物流服务中心在整个城乡物流"三级网络体系"中起着中枢神经的总指挥作用。由县运管所设立城乡物流服务中心，主要由城乡物流服务中心办公室、信息发布大厅、汽车货运站（货物集散地）、物流配送中心等部分组成。

专栏7-1　县级城乡物流服务中心主要职责

（1）贯彻、执行国家关于发展城乡物流市场的有关方针、政策，按照行业管理规定，全面做好城乡物流市场的调研、规划、监管及市场开发工作。

（2）结合本地的各类农业产品和物资的分布和供求情况，科学规划、合理布局服务站点，不断完善县、乡、村三级物流体系，三级之间紧密协作、运转顺畅。

（3）依托物流信息网络，及时准确发布待运物资和县籍车辆、外籍返程车辆信息，畅通信息渠道，促进农产品外运、外销，积极服务"三农"。

（4）加强货运配送市场管理，合理开辟配送线路，实现城乡物资运输的无缝衔接。

（5）指导各物流服务站做好各自辖区内的车队组建工作，实现农业物资短途运输车辆的就近调用。负责做好车辆的备案及资格审查工作。

（6）负责中心、站、点工作人员业务技能及"一岗双责"培训，有效提升从业人员服务意识和服务技能。

（7）积极宣传道路运输相关法律、法规，公平、公正调解三级货运纠纷，规范农产品运输市场，推进使用同一格式的运输合同、农副产品交易合同文本。

（8）搞好全县城乡物流市场运营数据的统计、分析、上报等工作。

（9）加强对中心、站、点日常工作管理，定期进行考核评比。

2)乡级城乡物流服务站

城乡物流服务站是为了有效促进城乡物流发展管理与服务工作,由服务中心在中心乡、镇设立的中级管理服务机构,在三级物流体系中发挥着承上启下的中级节点作用。具体负责辖区内各信息点的日常管理、信息的收集与发布、区域农副产品的调研与统计、快速反应车队的组建、二级运输纠纷的调解等工作,并协助服务中心做好对本辖区货运站、服务点的规划与设置。

专栏7-2 乡级城乡物流服务站功能设置

(1)信息站。

配合城乡物流服务中心搞好本区域内货运站农村物流信息点规划设置;负责本区域各类产品和物资的供求信息,待运物资集散信息的收集与上报;负责本区域内货运站、农村物流信息点的日常管理,负责本区域内车队运力调用信息发布。

(2)信息服务点管理。

日常管理、信息的收集与发布、区域各类产品和物资供求的调研与统计。

(3)运输车辆保障。

具备停车、车龄维修等功能。

(4)二级调解。

对辖区内的货运纠纷实施二级调解,并指导监督所属信息点,抓好货运纠纷的一级调解工作。

(5)货运站。

主要负责本区域内农副产品、日用品仓储、集散、配载。

3)村级城乡物流服务点

城乡物流服务点是城乡物流三级体系中的重要基础节点,融信息服务于货运纠纷调解为一体,推行“双职合一”管理服务模式,由所属辖区物流服务站负责监督与管理,主要负责宣传贯彻国家关于发展农村物流的法规政策,做好本村农副产品、生产生活物资供需和车辆需求等信息的收集、上传、发布工作,做好本村一级运输纠纷的调解工作,坚持“双职合一”功能模式,努力为客商、群众排忧解难。应在人口集中、盛产农副产品的行政村实现城乡物流服务点的全覆盖。

2. 城乡物流信息平台

为更好地解决物流信息平台普遍存在的信息单一、区域性强、可靠性差、各种通信手段并存、货运信息从业人员素质参差不齐、物流信息化人才缺乏等不利于城乡物流发展的问题，为客商和农副产品搭建信息平台，通过搭建城乡物流信息网络体系、融合农村信息资源、拓展信息发布方式、健全信息服务体系，让农民群众享受高效、准确的综合信息服务，以降低农副产品流通成本，降低车辆空驶率，提高运输经营效益（图7-4）。

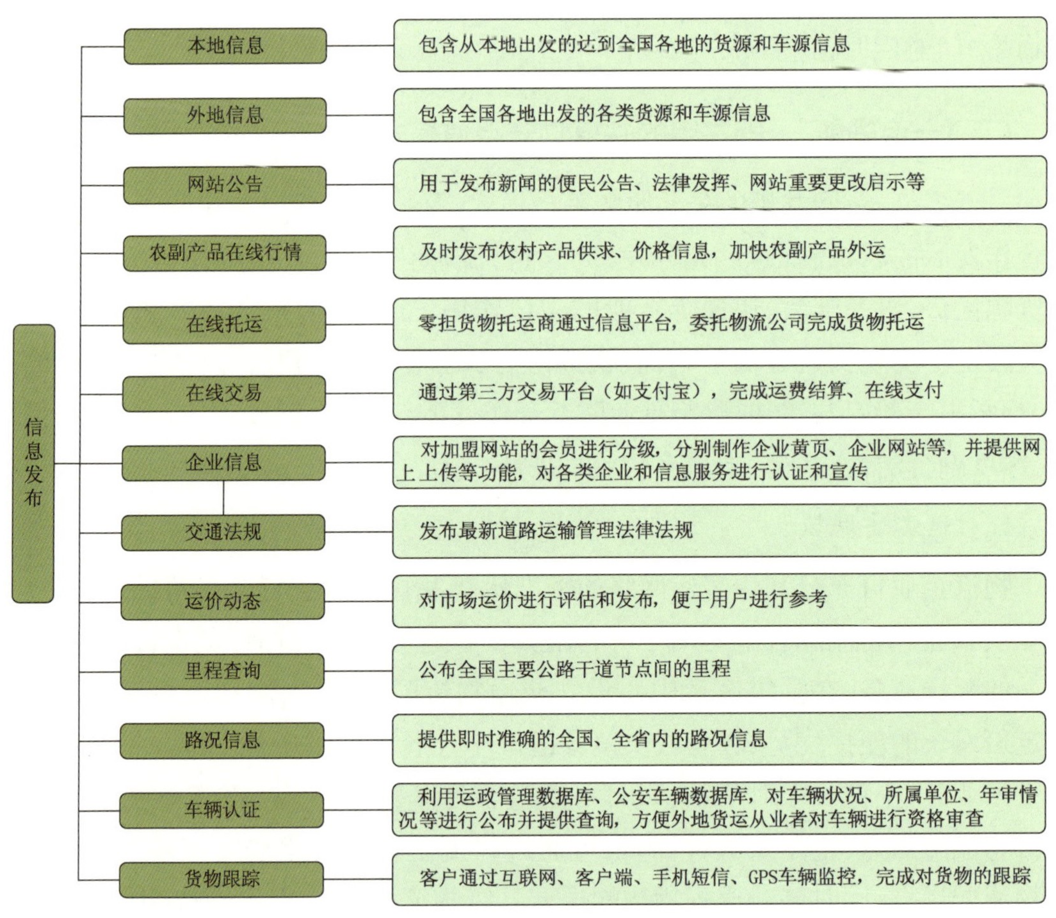

图7-4　信息平台功能示意图

3. 城乡物流体系的车辆配置

1）组建交通农村物流快速反应车队

为确保城乡三级物流体系正常运作，有效解决中短途物资、商品的运输中转需求，物流服务中心、物流服务站结合实际情况客组建农村物流快速反应车队。

车队组建采取分区管理，逐一登记运输车辆信息，建立中小企业运输需求和车队车辆详细档案，并为参与农村物流的车辆设置专用标志牌，车队车辆必须证照有效，技术状况良好，物流标识明显，车容车貌整洁卫生，经营行为规范文明，并配备必要的通信工具，确保信息畅通，便于车辆就近调度，实现产品物资短途运销双赢。

2）开通交通城乡物流零担货运班线

为给农村农副产品外运和便民商品下乡搭建一个农民信赖、客商信任的快捷运输平台，可依据货运量、货运方向，开通“定时、定点、定线”的货运班车，实现城乡物品“门对门”配送服务。

（二）一点多能、一网共用的共享物流渠道模式

一点多能、一网共用的公共服务平台模式，是按照跨部门共建共管，跨行业联营合作发展的新机制，通过充分发挥交通物流、商务、供销、邮政等各部门的管理和资源优势，以及邮政、快递等企业的主体作用，通过资源整合共享和优化配置，最大程度上实现交通运输与电商、快递融合，与商务、供销融合，与客运企业的融合，探索出跨部门共建共管，跨行业联营合作发展新机制，形成“一点多能、一网多用、深度融合、合作共享”的城乡物流发展新模式。

1. 打造客货联盟

物流企业可充分利用客运网络的密度优势及自身跨省货运线路优势，建立区域专线联盟和物流综合配送网。可利用城乡客运班车“村村通”的资源，承担小件物品的配送业务，在县级客运中心设立交通物流配送中心，利用城乡客运班车定点定班发车的便捷优势，在全域乡镇客运班车开展小件快递及小件分销商品配送等方面业务，小件及限时货物，每日可通过客运车辆定时、定点、定线配送至县市农村物流配送点；整车及大件物资，可通过物流企业的货运线路直接送达县级农村物流配送点，同时装载返程货物配送至县级物流园区，园区根据货物流向，全程调度区域配送和跨省运输，确保了小件、限时及整车配送货物及时安全到达。

2. 加强交邮合作

城乡物流发展可以充分发挥邮政的网络优势，积极与邮政部门开展在城乡物流融合发展方面的合作。可充分利用城乡物流班车、城乡客运班车代运邮件，同时城乡物流企业可将各物流园区、乡镇农村物流综合服务站等站点受理的货源交

邮政快递运输，以扩大双方经营规模，节省双方运输成本，提高双方经济效益。交通物流和邮政业充分发挥各自优势，实现优势互补、共赢发展。

此模式通常以遍布各乡镇的农村客运站为中心，建立乡镇级交邮合作综合服务站，邮政部门派遣服务人员进驻客运站。取消原来的邮政服务点，将除了邮政储蓄以外的所有业务和人员都派驻到客运站，与客运站共同承担客运服务、邮政快递、农资交易等农村服务项目。综合服务站的设置以村公所、村中心的综合商店、其他村民集中的场所为主要目标。由邮政局对综合服务站进行改（扩）建，并投入邮政服务所需的设施设备；由运输部门投入候车休息设施设备。与农村客运班车建立运输合同关系，由农村客运班车将沿线村屯的信件、快递包裹等运送到村级综合服务站。

通过合作共建的模式，形成资源整合、优势互补，更便捷地服务群众，实现交通运输、邮政、经营者和农民多方共赢的局面，提高农民的幸福指数，更好地服务“三农”。开展交邮合作后，农民可以在村里交电话费、电费，还可以在家里交水费、有线电视费等等；农民们在网上购物后不用在到镇上或市里取快递，交邮合作后直接给送到村里，快捷方便，甚至还可以在家里存钱取钱。乘客运班车出行候车时，可以将邮电所作为客运分站或停靠站，提供一个遮风挡雨和祛暑避寒的候车场所。

3. 深化交商协作

构建城乡农副产品配送网。交通主管部门可帮助物流企业与超市、商贸企业等建立合作关系，使物流企业依托干、支线运输及区域配送优势，为商贸企业提供辖区市物资配送服务，为超市等提供绿色生鲜蔬菜、鲜活水产品、县乡特种农产品运输服务，为学校、医院、企业食堂、酒店等提供绿色生鲜蔬菜运输服务，降低整体物流成本，加快农副产品流通速度。

4. 力促交农携手

构建城乡集并采购配送网。加强物流企业与农副产品、产业基地、蔬菜基地的交流，收集各物流信息，促进物流企业与商家洽谈合作，通过共建共赢、合作联营等形式，以镇村连锁超市、农村销售点、农副产品生产和加工销售单位为基础，整合邮政物流和商贸供销系统力量，全面壮大农村物流规模，提高物流公司市场占有率；同时，物流企业还可携手各乡镇、村的小卖部，开通县、市、乡货运班线，实现及时到门的货运服务，为农民提供便携服务，也可为乡镇小卖部增加利润点。

5. 融合电商共赢

城乡物流发展可与电商资源进行融合，采用“互联网 + 城市配送 + 农村物流一体化双向互动”模式，依托城乡物流电子商务平台以及完善的物流配套体系，形成以“集散中心为核心，集散基地为点，电子商务平台和物流为线”的城乡电商物流网络。

与电商团队合力打造符合当地情况的城乡物流电子商务平台。为服务范围内的货主、物流企业、物流车辆提供撮合交易、诚信、金融、结算、信息等综合服务，对物流交易、货源结构、流向分布、车源结构等数据进行分析，为客户提供个性化服务；实现智能装备、移动通信等技术设备的应用。

通过整合供销社服务网点、快递公司落地分流业务以及商贸配送体系，实现快递、零担、农资、消费品等产品的高效集散，加快农村电商发展的步伐。加快信息联网建设，以城乡物流电子商务平台为基础，努力建立完善的、更大范围的网络信息平台，在全国大城市和广大农村建立网络子站，对企业产品、农村各种生产生活资料及物流各环节进行实时跟踪，将企业和农村服务网点连接起来，实现资源共享，共同发展。同时，联合供销社各代销点供销网络、邮政各个固定成熟的配送网点、食品加工企业产品、“万村千乡市场工程”农家店等多种资源，大力开展城乡交通物流业活动，进一步扩大城乡交通物流网络的覆盖面。

设立仓储管理信息系统，利用二维码、无线射频识别(RFID)等感知技术进行订单运营、货物管理、客户服务。配备快速分拣、传送、识别、监控、导航定位等自动化设备，以及高性能的货物搬运设备和运输装备。仓储管理信息系统与上下游企业信息系统有效衔接，数据互联互通。

通过电子商务平台以及车辆调度平台，进行货物与车辆的系统调度，利用乡镇集散基地以及村级配送点的布局，解决物流配送最后一公里问题，实现集散中心与乡镇集散基地、村级配送点的线上连接。

(三)服务农村产业发展的城乡物流发展模式

1. 引导运输企业融入农村物流体系建设

立足于本地实际，因地制宜，方式灵活，充分发挥企业的市场主体作用。引导和扶持运输企业掌握政策、把握方向，主动融入城乡物流及农产品流通体系建设。依托现有运输企业或引进实力较强的物流企业，具体承担城乡物流发展任务，采取市场化运作模式，扩展经营服务领域，增加物流服务功能，顺应市场化运营和发展的要求。由有实力的专业物流企业建设、运营，积极与邮政、供销、农资等物流网络相结合，大力整合乡镇物流资源，促进资源的规模化、集约化利用，提高运营成效，实现城乡交通物流的可持续发展。

在城乡交通物流发展和运营过程中，交通主管部门可提出目标要求、给予资金支持，并实施有效监督和指导，有效规范城乡物流运营秩序，促进城乡交通物流工作的顺利开展。

2. 融合发展形成城乡物流发展的合力

交通、农委、供销和邮政等部门按照各自工作职责，主动作为，积极为当地城乡物流发展创造良好的发展环境。要通过调研，及时了解掌握本地区农产品、农用物资及农民生活必需品的运输途径、运输方式以及特色农产品；支持和引导运输企业积极争取场站建设国家补助资金，并充分利用和整合创新客运站的网络资源，大力发展城乡物流，以客运站为节点的配送线路覆盖城乡。同时，积极推进多行业融合共享合作，进一步推动重新物流体系建设。

推进村邮站建设工作，整合现有的村邮站、便民服务站、三农服务站等服务网点，并引导快递企业入驻物流园区开展快递受理、分拣和配送等业务，促进邮政快递网络资源与交通网络资源加速融合。通过建设惠民连锁店、与现有超市合作等方式，降低城乡物流网络建设成本，促进供销系统与交通系统城乡物流网络资源融合。还可为运输企业提供农产品检测技术支持和经营许可，同时提供特色农产品供销途径，为企业打造“一村一品一景”的特色城乡物流提供了农产品资源。

3. 创新运作模式提高城乡物流服务能力

物流企业在服务当地农产品和生产资料运输的基础上，可广泛寻求合作伙伴开展联营，发挥城乡物流县级分拨中心仓储、网络、信息及运力等优势，大力整合城乡物流资源，将城乡物流业务向第三方物流扩展，参与到服务当地企业生产资料和产成品的物流配送业务，成为服务当地经济发展、满足多元化物流需求的主力军。支持物流企业在各商城和物流市场内设立分支机构，将城乡交通物流融入商贸物流网络，实现交通物流与商贸物流有效对接。积极与生产企业、商贸企业合作，将商品经县、乡、村三级配送网络，不断拓宽农产品外销服务范围、延长服务链条，解决城乡交通物流持续、健康发展的问题。

交通可会同邮政、供销和农委等部门，积极引导和支持运输企业不断创新运作模式。例如,建立基地直供模式,加快农产品进城流通体系建设;建立服务站直销模式,加快农用物资和生活必需品下乡流通体系建设;建立网上购买、配送到家模式,加快线上线下流通系统建设;建立产品质量追溯模式,加快农产品流通质量安全体系建设。

专栏 7-3　城乡物流运作模式创新

基地直供模式:建立农产品进城流通体系,解决农民卖难问题。运输企业可在城市内一端建成连锁店,在农村一端与当地种植基地合作,发展农产品订单农业。按照农产品市场的需求量,有规划地安排各个生产基地的种植品种,对基地种植的农产品全部收购包销。通过物流园区的分拣、加工中心,对农产品进行包装、打码、粘贴后,装车配送到连锁店及机关、企事业单位、学校等配送点。另外,物流园区内还可建冷库储存农产品,使农产品保值、保鲜。采取从基地直接到餐桌的流通体系,改变了传统的由基地—经销商—市场—零售店—餐桌的流通体系,减少了中间环节,可降低成本,惠及百姓。

服务站直销模式:建立农用物资和生活必需品下乡流通体系,解决农民买难问题。运输企业可在农村建立服务站,主要配送农用物资和生活必需品,由企业的配送车辆将所需物资配送到服务站,农民到服务站可买到所需物资,方便村民、降低成本,同时,交通部门可支持和帮助物流运输企业与农村客运站合作,使配送线路覆盖城乡。

网上购买、配送到家模式:采取网上购买、配送到家的新模式。城市内主要配送蔬菜、水果、米面油等农产品,在每个小区门口设一个终端连锁店;农村主要配送农业生产资料等。实现线上线下全覆盖营销模式。

产品质量追溯模式:一是实行订单农业,保证农产品质量。运输企业可与种植基地合作,签订无公害农产品订单,为种植基地提供生产资料及技术指导,种植基地必须按订单要求实施,确保农产品绿色无公害。二是完善配送模式。配送车辆在定线、定时配送的基础上,对网上购买采取即买即送方式,通过延伸服务方便客户。三是扫描二维码,溯源产品质量。可通过建立检验、检测中心,对检测合格产品粘贴溯源码,市民通过扫描即可进入农委的质量追溯网络平台查到检测数据,并可追溯到种植基地信息,确保农产品无公害,有效解决食品安全问题。

4. 加快城乡交通物流基础设施建设

县级物流园、乡镇农村物流点、农村物流站建设是发展城乡交通物流的基础。可结合本地物流园区建设和发展实际，宜建则建，宜改则改，新建、改（扩）建县级分拨中心，充分利用乡镇交管所或现有物流站场设置乡镇物流配送站，在较大行政村、供销超市、农资超市、农村集市建立物流网点或联络点，形成以县分拨中心为龙头、乡镇配送站为节点、农村物流网点为支撑的三级城乡物流网络体系，建立完善的现代化电子信息管理系统，初步建立起"双向流通、共赢高效"城乡交通物流体系。

5. 加快城乡物流信息化建设

物流信息建设是城乡物流发展的重要内容，对城乡物流的发展至关重要。按照城乡物流信息化建设要求，科学谋划，准确定位，引入完善的城乡物流信息化发展经验，大力整合区域内物流、资金流和信息流，及时发布货源和运力信息，开发建设适合城乡物流发展的信息系统，促进农资产品流通升级。

第八章　推进城乡交通运输一体化发展的对策研究

本章针对我国城乡交通运输一体化发展的重点和任务，从发展定位、运营模式、规划引领、补贴机制、筹融资渠道、服务商培育、信息化建设、市场监管、试点示范等方面入手，提出推进城乡交通运输一体化发展对策与措施。

一、加强政府主导，理清权责清单

（一）强化公益性认识

将推进城乡交通运输一体化发展作为民生工程，纳入基本公共服务体系，实行政府主导、市场运作，进一步明确各级政府主管部门在城乡区域交通运输管理体系中的职责，进一步简政放权，扩大城乡运输企业经营自主权，激发市场活力。

（二）建立完善工作协调机制

引导企业、社会组织和广大群众等各方力量共同参与，形成"政府主导、部门协调、社会参与、共建共享"的城乡交通运输一体化发展格局。推进城乡交通运输管理体制改革，在"一城一交"大交通管理框架下，实现城市公共交通与道路运输的同步规划、同步建设、同步运营、同步监管。建议在现有管理体制基础上，进一步创新完善各项工作协调机制，发挥县级人民政府在城乡交通运输一体化发展中的主体责任，明确将城乡交通运输一体化发展作为基本公共服务体系中的重要民生工程，实行政府主导，建立交通、发改、财政、住建、农业、供销、邮政、旅游等多部门共同参与的、常态化的城乡交通运输一体化发展协调机制。

（三）加大政府绩效考核力度

各地要将城乡交通运输一体化发展水平纳入当地全面建设小康社会指标、脱贫攻坚指标或政府年度工作目标，提高城乡交通运输一体化相关指标的政治性、约束性，提升当地政府对城乡交通运输一体化认识的高度，从财政、土地、人才等方面加强对推进城乡交通运输一体化工作的保障。

二、坚持规划引领，完善法规标准保障

（一）重视相关发展规划的编制

组织编制涵盖交通基础设施、客运、物流、邮政、快递等内容的县域城乡交通运输一体化规划，并加强与城市总体规划、城镇体系规划、土地利用规划的衔接，争取实现多种规划统一编制、同步实施、同步验收。统筹规划和建设城乡公路和城乡运输场站，保障"路、站、运"协调发展。推进城市交通和农村交通之间的资源共享，坚持城乡统筹、客货并举的原则，统筹城乡客运、城乡物流、城乡邮政协调发展，拓展农村客运场站服务功能，增加邮政和快递服务功能，充分发挥组合效应。加快建设县（市）、乡、村三级城乡物流网络节点，积极联合邮政、供销社等已有网点，利用已有的客运场站设施，发展城乡交通货运连锁服务网点。

（二）推进行业法规、制度建设

根据城乡交通运输一体化发展的特点，结合目前已有法规，从顶层设计层面推进城乡交通运输一体化法规体系建设，重点做好《城市公共交通条例》《中华人民共和国道路运输条例》等相关法规的制修订，加强与城市交通法规体系的衔接和调整，统筹指导城乡交通运输一体化建设。推动完善政府购买公共客运服务制度，对于公益性强的城乡交通项目，通过引入市场机制，提升城乡交通运输一体化项目的专业化、精细化水平，实现公共资源配置效率最大化。

（三）健全相关标准规范

加快制定农村客运服务规范、农村客运基本公共服务均等化服务标准，城乡

交通综合站点服务规范,城乡交通综合站点建设技术指南,邮政基本公共服务标准等;研究制定城乡客运公交化运营管理规范,规范目前城乡客运公交化改造后的运营,提升服务水平;根据道路状况及行车安全保障情况,制定适应城市公交车型运行的城乡道路相关标准和条件;结合各地地形特点及道路条件,研究制定针对不同道路条件的车辆选型标准,联合公安部门组织对农村客运车辆载客标准进行重新认定,促进城乡客运车辆更好地适应现阶段农村客运组织。

三、创新运输组织管理,提升服务质量和效率

经过改革开放后的大建设、大发展,我国各种运输方式服务体系日益完善,但有效供给不足,结构性矛盾较为突出,其中农村交通运输发展相对滞后,成为综合交通运输体系建设中的短板。必须在进一步加强农村交通运输基础设施建设的基础上,加快推进网络纵深发展,着力优化运输服务结构,有效加强农村地区综合性、个性化、差异化、高品质的运输服务供给,推动供需有效匹配,更好地满足广大群众生产生活需要。

(一)推动城乡客运班线组织多样化,增加客运服务有效供给

以运营机制创新为基础,实行因地制宜的多样化、差异化的城乡客运经营方式。在运营主体方面,可通过股份制改造、收购、兼并、转换、重组等多种形式,积极推行公司化经营,实现城乡客运集约化、规模化;在运营模式方面,采用短途客运班线公交化改造、定班定线、区域经营、循环运行、专线经营、营运补贴、干支线路对接、村镇客运电话预约、学生车船等等多种手段积极探索城乡客运协调发展,创新公交化运营模式,确保城乡客运持续融合发展。具体的做法主要包括:一是城乡客运网络化经营。通过延伸、调整、新增等方法,对部分市县城区周边乡镇、村庄比较集中的地区试行城乡客运公交化运营模式,增加停靠站点,滚动发车,定线循环,构筑城乡客运班线的“放射网”和“环状网”,最大限度地满足农民出行需求,促进农村客运网络和城市公交网络的合理衔接和有效融合。二是进行城乡客运公交化改造。按照政府主导、城乡一体、全域覆盖、公车公营、公益服务的思路,在条件成熟的地区大力推进“镇村公交”的发展。适度扩大企业经营自主权,对于较为成熟的路线,鼓励城市公交延伸或者农村客运公交化改造模式提供服务。三是需求响应型运营组织。对于偏僻地区的农村客运班线,采取需求影响等与地域

特点、经济发展水平相适应的灵活运输组织方式；探索隔日班、赶集班、节日班等固定或者非固定的班次，提高客运通达深度。四是农村客运经营公司化、片区化。通过加大城乡客运整合力度，引导经营者实现线路联营、股份制改造、企业兼并重组等，实现城乡客运经营公司化、集约化，同时根据乡镇站场网络分布现状，实行片区化管理，提升管理效能。

（二）适应城乡经济社会发展需要，推动城乡物流纵深发展

交通运输部门要主动作为、创新探索，在整合站场资源、完善服务网络、优化运输组织、搭建信息平台等方面进行开拓创新，针对城乡生产、生活的需求，积极探索城乡物流发展模式，有效实现城乡对接，加快农副产品、农资、生活用品流通。具体的做法主要包括：一是搭建城乡物流"县、乡、村"三级架构。建设形成以县级物流服务中心、乡镇物流服务站、村级物流服务点为构架的城乡三级物流服务体系，规范运作模式，为城乡经济发展提供有力的交通物流运输保障。二是采取干支结合的货运配送方案。形成以城乡物流班车为骨干、客车及邮政车辆补充、电动三轮车配送为毛细血管的干支结合的城乡物流配送方案。开通农村物流班车，构建货运配送网络，将货物按照"定时、定点、定线"的方式配送到各乡镇及沿途行政村，实现"门到门、点对点"的精准定向服务。三是利用客车和邮政车辆捎带小件货物。以客运车辆和邮政车辆进行小件快运作为补充形式，方便、快捷地将小件货物经客运班线或邮政网络运送到各乡镇物流站，或者直接送到村级物流点、农村超市。

（三）以资源共享为主线，促进行业合作水平稳步提升

按照跨部门共建共管，跨行业联营合作发展的新机制，充分发挥交通物流、商务、供销、邮政等各部门的资源优势，以道路客运、邮政、快递等企业为主体，通过资源整合共享和优化配置，发挥各部门合力，最大程度上实现交通运输与电商、快递融合发展，推动形成"一点多能、一网多用、深度融合、合作共享"的城乡交通发展新模式。

（四）推进"互联网＋城乡交通"一体化融合

依托互联网、大数据等现代信息技术，打造多渠道、多方式、交互式、体验式的

出行信息平台,构建部、省、市、县四级联网售票系统,满足人民群众个性化、定制型的出行服务需求。推进城乡公共物流信息平台建设,逐步打造集数据交换、信息发布、职能配送、库存管理、决策分析等功能于一体的城乡公共物流信息平台,加强对农业、商贸全产业链的支撑保障。

四、营造良好发展环境,落实政策保障

(一)建立开放公开透明的城乡客运市场准入制度

根据城乡客运市场公益性与经营性相结合的特点,因地制宜地研究确定企业经营范围和准入条件,探索特许经营、政府购买公共服务等模式,适时建立负面清单制度,建设法治化营商环境,构建开放型经济新体制,引导民间资本尤其是有实力的外地资本,进入城乡客运市场。对于城乡客运特许经营项目,一律采取招投标制度,形成开放、公开、透明的市场准入管理模式。

(二)强化城乡物流市场的规范化运营

完善顶层设计,建立健全城乡物流发展的制度体系。围绕各地实际运营过程中遇到的突出问题,积极与公安、安监、工信、商贸等部门沟通协调,研究制定适合现阶段发展需求的车辆标准、组织模式,大胆创新,统一规范,合理引导城乡物流企业安全、规范运营,满足城乡商贸发展的需要。

(三)加大对城乡交通运输的政策扶持力度

一是加强财政资金的支持。建议交通、财政部门联合建立城乡交通专项资金,优先用于城乡交通基础设施建设、客运车辆更新购置、城乡客运公交化改造、政府购买客运基本公共服务、城乡物流网络建设等。二是提高困难地区城乡交通运输补贴力度。加大中央资金对集中连片特困地区农村客运站建设和改造的扶持力度,农村邮政基础设施建设等,增加集中连片特困地区农村客运站建设补贴标准。允许集中连片特困地区扩大农村客运站建设补贴资金,除农村客运乡镇等级站建设外,同时可以用于乡镇简易站、招呼站等建设。三是建立健全农村客运政策性补贴机制。对城乡客运一体化发展过程中,不能完全通过价格补偿的政策

性亏损，按照城市公交的优惠政策及补贴政策，由县级人民政府给予合理补贴。四是研究税费、国土等优惠政策。交通、税务部门联合，对城乡交通运输发展的各类收费项目进行全面清理，取消未经国务院和省级人民政府批准设立的行政事业性收费项目；交通、国土部门制定灵活多样的城乡交通土地使用政策，研究探索公益性农村交通站点的无偿划拨方式，明确提出城乡交通站点用地综合开发程度及相关政策措施。

五、创新筹融资渠道，培育一体化服务商

（一）整合市场资源，培育集约市场主体

采用政府引导、企业主导的发展模式，扶持具有良好社会信誉的品牌龙头企业规范经营，以资产为纽带实施区域城乡运输运营主体的兼并、重组，集约市场主体，整合市场资源，改变传统市场“小、散、弱”的局面，打造集约化、规模化、长短结合、城乡一体的运输网络服务体系。统筹城乡交通基础设施建设和运营网络布局，形成区域内业务整合、服务统一、组织集约、竞争有序的良性发展市场格局，为企业“搭台唱戏”，培育良好的发展空间。

（二）积极探索 PPP 模式在推进城乡交通运输一体化工作中的运用

建议交通运输部进一步加强与国家发改委、财政部的沟通协调，努力消除政策障碍，强化对 PPP 工作的跟踪指导，及时帮助研究解决推进中的问题，为引进社会资本创造有利条件，认真总结在城乡交通运输一体化工作中推广 PPP 进展较快县市的经验，形成可复制、可借鉴的操作模式。

（三）培育城乡交通运输一体化第三方服务商，提供全方位运输服务

充分发挥市场配置资源的决定性作用，培育集约型的第三方服务商，为整合城乡交通基础设施资源利用，创新城乡交通运输运邮结合、客货并举的服务运营方式打下有利基础。明确第三方服务商的定义定位，明晰第三方服务商与实际承运商之间的责任，确定第三方服务商的经营范围、准入退出要求、财税政策、经营条件、申请流程、服务标准等事项。

六、加强调研督导，健全市场监管体系

（一）加强城乡运输服务水平的监督考核

结合地方经济社会发展水平，建立完善城乡交通运输服务的标准体系、评价指标体系，鼓励引入第三方评估和公众听证制度，加强对特许经营企业服务质量的考核。对考核不达标的指标和人民群众反映较多的问题，督促企业进行相关方面的改进和整改。同时，加强成本监督审查和事中事后监管，确保城乡居民尤其是农民群众在出行服务方面有更多的获得感，确保城乡商贸双向流通高效顺畅。

（二）完善客运企业信用体系建设

建立企业信用系统，加强企业诚信管理。研究制定城乡运输生产服务违法违规行为信息公开工作管理制度，建立统一的信息公开平台。建立守信激励和失信惩戒机制，制定城乡运输生产服务“黑名单”制度。将企业诚信纳入市场准入、资金补贴、政策扶持等方面的考核筛选标准。

参考文献

[1] 盛湧.县级区域城乡交通一体化发展策略研究[D].西安:长安大学,2011.

[2] Wang Zhi, Xiao DianLiang, Tian YuJia. The Integration of Urban and Rural Public Transportation Operation[C]. The 2nd International Conference on Intelligent Computing Technology and Automation, 2009, 3: 817-821.

[3] 刘伟.城乡一体化交通网络配置研究 [D].成都:西南交通大学,2010.

[4] Hull, A. Integrated Transport Planning in the UK: From concept to reality[J]. Journal of Transport Geography, 2005, 13(4): 318-328.

[5] 宋倜,陈引社.城乡道路客运一体化有关理论问题[J].综合运输,2004(9).

[6] 赵钟民,郝占元.城市公交和班车客运发生矛盾的症结与实质[J].交通企业管理,2005(6).

[7] Velizarov, S. and M. A. Reis, et al. Integrated Transport and Reaction in Anion Exchange Membrane Bioreactor[J]. Desalination 2002, 149: 205-210.

[8] 丁路平.城乡交通一体化研究——以衡水市为例[D].河北:河北工业大学,2010.

[9] 丁岚.城乡一体化视角下农产品流通模式研究[D].吉林:吉林大学,2011.

[10] 陈春生.资源空间配置与农村交通运输发展研究[D].西安:长安大学,2009.

[11] 朱燕惠.城乡客运道路一体化发展研究[D].西安:长安大学,2003.

[12] 陈引社,宋金鹏.我国城乡道路客运一体化发展研究[J].综合运输,2004(3).

[13] 李英杰,卢旭,黄红星.城乡道路客运一体化的难点问题与对策[J].西部交通科技,2006(3).

[14] 高成.成都市城乡道路客运一体化发展战略研究[D].成都:西南交通大学,2005.

[15] 王嘉,卢旭,卢毅.城乡客运一体化实现能力多层BP网络综合评价[J].系统工程,2007(3).

[16] 卢毅,卢旭,王志民.城乡客运一体化实现能力多级模糊综合评价[J].长沙交通学院学报,2007(3).

[17] 张生瑞,周伟,姜彩良,等.城市客运结构评价体系及评价方法[J].长安大学学报,2004(4).

[18] Milan Janic. Integrated Transport Systems in the European Union:an Overview of Some Recent Developments[J]. Transport Reviews,2001,21(4).

[19] 匡星.城市常规公共交通服务水平评价研究[D].长春:吉林大学,2005.

[20] 宋倜.城乡道路客运一体化问题研究[D].西安:长安大学,2003.

[21] 戴军. 关于城乡道路旅客运输管理一体化的思考[J]. 内蒙古公路与运输,2003(3).

[22] 唐热情. 城乡统筹背景下重庆道路客运一体化研究[M]. 北京:知识产权出版社,2014.

[23] 隋中田. 城乡道路客运一体化发展探讨[J]. 山东交通学院学报,2003(9).

[24] 师桂兰. 城乡公交一体化规划建设与管理初探[J]. 城市公共交通,2005(1).

[25] 陈方红,赵月. 城乡道路运输一体化的基本途径[J]. 综合运输,2005(5).

[26] 许晓枫,夏俊华. 关于常州市城乡客运一体化发展的思考[J]. 江苏交通,2003(5).

[27] 尹科. 城市化水平综合评价指标体系研究——兼四川省实证分析[D]. 成都:四川农业大学,2006.

[28] 任乐. 道路运输服务体系评价指标体系研究[D]. 西安:长安大学,2004.

[29] 刘燕. 基于协同创新的城乡物流运营网络一体化研究[D]. 济南:济南大学,2011.

[30] 张新华,李红. 城乡一体化下的区域物流发展问题研究[J]. 企业导报,2012(3):105.

[31] 白茹茹. 二元经济结构背景下城乡双向流动的商贸流通体系研究[J]. 物流工程与管理,2012(34):6-7.

[32] 宋永吉,崔振武. 构建现代农业物流助推城乡一体化[J]. 中国农垦,2010(3):51.

[33] 张学志,陈功玉. 我国农产品供应链的运作模式选择[J]. 中国流通经济,2009(10):57.

[34] 庄思勇,何成辉. 公路客运市场建设项目的系统评价研究[J]. 数学的实践与认识,2002(5).

[35] 郭汉丁,刘应宗. 建设工程项目质量实施能力评价研究[J]. 武汉科技大学学报(社科版),2005(3).

[36] Mark E. T. Horn, An extened model and procedural framework for planning multimodal passenger journeys[J]. Transportation Research Part B,2003,37.

[37] Todd A. Randall and Brian W. Baetz. Evaluating Pedestrian Connectivity. For Suburban Sustainability. Journal of Urban Planning and Development,2001.

[38] 仇东东. 城市交通可持续发展指标体系与模糊综合评价研究[J]. 中南公路工程,2005(6).

[39] 马荣国,刘洪营. 城市客运交通结构评价指标[J]. 交通运输工程学报,2004(3).

[40] CEDER A. Public transit planning and operation: theory, modeling and practice[M]. Amsterdam: Elsevier Ltd., 2007.

[41] Anthoy A. Saka. Model for Determining Optimum Bus-stop Spacing in Urban Areas[J]. Journal of Transportation Engineering, 2001, 127(3): 195-199.

[42] Steven I. Chien, Zhaoqiong Qin. Optimization of bus stop locations for improving transit accessibility[J]. Transportation Planning and Technology, 2004, 27(3): 211-227.

后　记

——AFTERWORD——

城乡交通运输是城乡协调发展的“先行官”，推进城乡交通运输一体化、提升公共服务水平是加快城乡统筹协调、缩小区域发展差距、实现精准扶贫脱贫的迫切要求，是推进新型城镇化建设和实现全面建成小康社会的重要内容。长期以来，我国城乡发展一直存在不平衡、不协调的问题，二元结构特征明显，导致城乡交通运输网络不协调、衔接不顺畅、政策不配套，整体发展水平不高。为此，各级交通运输主管部门陆续出台了相关政策措施。可以说，推进城乡交通运输一体化建设已经成为“十三五”时期综合交通运输发展的迫切要求，也是交通运输行业落实国家战略、实现全面小康目标的光荣使命。

从发达国家发展历程来看，以美国、日本等为代表的发达国家在城镇化高速发展时期，往往将交通运输一体化作为城乡统筹发展的重要理念和抓手，把城乡交通运输统一纳入到区域交通大范畴考虑，通过为城市和农村提供一体化的交通运输服务，来促进城乡经济社会同步协调发展，成为全球城乡统筹发展的典范。近年来我国推进城乡交通运输一体化工作也取得了令人振奋的成绩，部分省市在实践过程中做了积极有益的探索，积累了成功的经验，但总体来看，还存在一些瓶颈制约：一是各方对相关概念认识存在误区，各主体职责分工不明确；二是我国地区间发展水平差异大，缺少科学的发展类型划分方法，导致无法准确判断各地发展方向、因地制宜制定政策措施；三是部分地区发展模式固化、技术方法落后，缺乏有效手段来打破困境；四是相关顶层制度设计和政策策略体系尚不健全，推进工作碎片化，整体成效不显著；五是缺少科学的评价体系和评价标准，针对不同发展类型的地区，无法对其发展水平作出客观全面的评价。为解决上述问题，我国急需要可实施、可操作、系统的城乡交通运输一体化发展的理论技术方法和政策机制予以指导和支撑。

本书编著者对此问题进行了长期的跟踪研究,在相关领域开展了大量科研项目,结合取得的科研成果,终整理形成此书。本书在充分认识我国国情特征的基础上,结合发展实际和需求,提出城乡交通运输一体化的内涵和外延,建立不同地区发展类型划分方法、发展水平评价体系和评价指标,设计不同地区发展重点和路径。从国家层面,提出推进城乡交通运输一体化的顶层制度设计和建设标准;从地方层面,针对不同类别地区,从基础设施建设、客货运输服务、运行组织管理、信息化建设、投资运营管理、补贴与政策支持等方面提出推进城乡交通运输一体化的关键技术方法和政策措施。形成了一整套符合我国国情的基础理论、建设方法和政策机制,为交通运输部行业管理提供技术与政策支撑,也为地方推进相关工作提供技术方法和政策机制。

参加本书编写工作的主要人员有:周一鸣、李忠奎、庞清阁、龚露阳、孙可朝、杨天军、杨东、赵若希。感谢各位项目成员的密切配合、辛苦付出!在项目执行中得到了交通运输部运输服务司徐亚华司长、蔡团结副司长、孟秋处长、关笑楠副处长、李良华等的大力指导。同时,感谢曾经在项目研究和本书写作中给予帮助和指导的各位领导和专家!在研究与撰写过程中参考了大量国内外文献与书籍,在此谨向他们表示崇高的敬意和由衷的感谢!

由于水平有限、时间仓促,本书未尽之意颇多,纰漏或不当之处在所难免,诚望各位领导、专家和广大读者批评指正,以助笔者进一步提升认识和水平。

编著者

2017 年 12 月于北京